사랑한다면
그들처럼

사랑한다면 그들처럼

초판 1쇄 인쇄 2012년 3월 25일
초판 1쇄 발행 2012년 3월 30일

지은이 박애희
펴낸이 이영선
펴낸곳 서해문집
이 사 강영선
주 간 김선정
편집장 김문정
편 집 허 승 임경훈 김종훈 김경란 정지원
디자인 오성희 당승근 안희정
마케팅 김일신 이호석 이주리
관 리 박정래 손미경

출판등록 1989년 3월 16일 (제406-2005-000047호)
주 소 경기도 파주시 교하읍 문발리 파주출판도시 498-7
전 화 (031)955-7470 | **팩스** (031)955-7469
홈페이지 www.booksea.co.kr | **이메일** shmj21@hanmail.net

ISBN 978-89-7483-515-6 03800

이 도서의 국립중앙도서관 출판시도서목록(CIP)은 e-CIP 홈페이지(http://www.nl.go.kr/ecip)에서 이용하실 수 있습니다.(CIP제어번호: CIP 2012001149)

사랑한다면 그들처럼

If you love like them

서해문집

"내가 너고, 네가 나야."

생의 가장 고통스런 순간마저 딸을 위해 신에게 봉헌하며
더할 수 없는 사랑을 전하고 떠나신 엄마

이제 홀로 남아
외로운 등불처럼 딸을 지키고 계신 아버지

사랑을 가르쳐주신 두 분께
이 책을 바칩니다.

들어가는 글

이 세상에는 사랑밖에 없다는 것, 사랑에 대해 우리가 아는 건 그것뿐.

에밀리 디킨슨의 말처럼, 이 책의 주인공들은 모두 그렇게 살았다. 이 세상에 사랑밖에 없다는 듯, 사랑이 전부라는 듯이.

사랑을 동경하면서도 한번도 그들처럼 온 힘을 다해 사랑하지 못했던 나는 겁이 났다. 이런 내가 그들의 뜨겁고 아픈 가슴 속으로 들어가도 되는 것인가, 걱정이 됐다.

뒷걸음질치고 싶을 때마다 나를 다시 책상 앞으로 끌어 앉힌 건 그리움이었다. 상처받을 걸 뻔히 알면서도 상대에 대한 마음을 감추지 않았던 무모함, 주체할 수 없을 정도로 뛰는 심장을 느끼며 살아있다는 것은 사랑한다는 것과 동의어라는 것을 깨닫던 순간, 할 수만 있다면 기꺼이 내 모든 것을 주고 싶었던 진심, 사랑하면서도 혼자일 수밖에 없어 잠 못 들던 어느 밤, 사랑하는 사람이 전해주던 보드랍고 따뜻한 온기, 울컥 하는 뜨거운 눈물 말고는 표현할 길 없던 마음, 그 모든 게 그리웠다. 그리고 그리움 속 점점이 박혀있는 후회가 쓰게 했다. 다시 사랑할 땐 그리하지 말라며, 다시 사랑받을 땐 그리하지 말라며. 이들을 기억하며 사랑하라고.

스물두 명의 사랑 이야기는 먼저 KBS 클래식 FM 〈세상의 모든 음악〉을 통해 소개됐다. 노을이 세상을 물드는 주말 저녁 시간, 사랑의 전설이 된 남자와 여자의 이야기는 각각 DJ 전기현 씨와 아나운서 정세진 씨의 목소리를 통해 방송됐고, 마음 따뜻한 청취자들은 아련한 사랑 이야기에 기꺼이 귀를 기울여 주었다.

그 이야기들을 책으로 내는 과정에서 오십여 명이 넘던 사랑의 실화 속 주인공들을 스물두 명으로 줄였다. 피상적인 러브스토리가 아닌 남자와 여자의 입장에서 느끼는 섬세한 사랑의 결을 담고 싶어 이야기를 새로 구성하고 다시 썼다. 독자가 주인공을 조금 더 이해했으면 하는 마음에 그들에 대한 짧은 소개도 덧붙였다.

그들을 가슴 깊이 이해하기 위해 다양한 자료를 찾고 보고 읽었지만, 이미 세상을 떠난 그들의 흔적엔 물음표가 더 많을 수밖에 없다. 그 사랑의 씨줄과 날줄 사이사이에 박힌 물음표는 대신 '그들이라면 그랬을지 모른다' 는 상상으로 채워졌다. 그러기에 여기 실린 이 이야기들은 논픽션인 동시에 픽션이다. 어떻게 보면 작가의 오해일 수도 있겠다.

언젠가 어떤 책에서 본 한 줄, '사랑은 오해다' 라는 말이 떠오른다. 그 말처럼 사랑은 오해에서 비롯됐던 것도 같다. 끝없이 그를 사랑할 수 있을 거라고 믿었고, 그 사람이 갖고 있지도 않은 점을 내 멋대로 그리며 황홀해했고, 언제나 오래도록 행복할 거라고 믿었다. 그렇게 오해로 빚어진 상상이 우리를 종종 사랑에 빠뜨렸다. 그래서 사랑은 괴롭고 때로 절망스럽다. 오해라는 걸 깨닫는 순간 사랑은 물거품이 되기도 하니까. 하지만 어떤 이들은 그 오해를 이해로 만들고 다시 사랑으로 만든다. 그리고 계속 사랑을 찾을 것이다. 시인의 말처럼, 이 세상에는 사랑밖에 없으니까. 그렇게 사랑하면서 인간을 이해하고 인생을 깨닫게 되니까. 그렇다면 사랑은 아름다운 오해가 아닐까.

감히 바라건대 이 책도 그 아름다운 오해 중에 하나이길, 또한 누군가가 사랑이 생의 전부임을 깨닫고 다시 사랑 앞에 서는 용기를 내게 해 주기를.

책을 내기까지 작가의 마음을 헤아리며 기다려준 강영선 이사님과 서해문집에 감사드린다. 삶이 힘겨울 때마다 내 곁을 찾아주셨던 필로메나 수녀님, 어머니의 빈자리를 넓고 따뜻한 사랑으로 채워주시는 일산 부모님, 언제나 그 자리에서 함께 해 주는 친구들, 진숙, 연경, 정희에게도 마음을 전한다. 끝으로 늘 미안하고 고마운 사랑하는 '일'에게 이 책이 못 다한 고백이 될 수 있기를 바란다.

2012년 2월

박애희

차례

들어가는 글   6

1부 슬프도록 아름다운

이 세상 끝에 그대가 서 있을지라도
모딜리아니와 잔 에뷔테른   14

아파서, 너무 아파서, 차마 돌아볼 수 없는
횔덜린과 주제테 공타르   40

모든 것이 나를 그대에게 인도합니다
앙투아네트와 페르센   64

2부 차마, 닿을 수 없는…

그대의 등 뒤에서
브람스와 클라라 슈만   88

꽃 피우지 못한 사랑이 더 아프다
마릴린 먼로와 조 디마지오   114

한 발짝 물러나 그대를 사랑하다
캐서린 헵번과 스펜서 트레이시   140

3부 당신이, 나를 살게 합니다

그대가 나의 하루
마르셀 프루스트와 셀레스트 알바레　　　　　　　　　162

사랑... 꿈과 기적 사이에 어떤 것
로버트 브라우닝과 엘리자베스 브라우닝　　　　　　192

4부 그리고… 함께 걷다

그대와 나, 우리가 함께여야 하는 이유
애거서 크리스티와 맥스 맬로원　　　　　　　　　　218

그대의 사랑을 생각하며
존 스튜어트 밀과 해리엇 테일러　　　　　　　　　　240

우리, 이렇게 함께 서서
루쉰과 쉬광핑　　　　　　　　　　　　　　　　　　264

참고자료　　　　　　　　　　　　　　　　　　　　　　288

1부
슬프도록 아름다운

모딜리아니와 잔 에뷔테른
횔덜린과 주제테 공타르
앙투아네트와 페르센

이 세상 끝에
그대가 서 있을지라도

모딜리아니 《노란 스웨터를 입은 잔 에뷔테른》 중에서

그남자이야기

언젠가 너도 이 그림을 보게 되겠지? 사랑과 슬픔과 열정이 가득 담긴 푸른 눈, 길고 가녀린 목선, 무표정해서 더 궁금하게 만드는 굳게 다문 입매.

근데 슬쩍 걱정이 되네, 사람의 얼굴을 길게 늘려놓은 것 같은 내 그림을 보고 언젠가 네 귀엽고 앙증맞은 입으로 이렇게 물으면 어떡하지?

모딜리아니와 잔 에뷔테른

엄마가 이렇게 못생겼어?

하긴 그 어떤 그림이 그녀보다 아름다울 수 있을까? 그런데도 이 그림, 그녀가 참 좋아했단다. 자신과 꼭 닮았다면서 어느 누구도 이렇게 자신을 잘 들여다 볼 수는 없을 거라고 했지. 그리고 행복한 표정으로 말했어.

천국에서라도 당신의 모델이 되어줄게요.

그녀를 그리는 게 참 좋았어. 텅 빈 가슴이 그녀를 그릴 때면 따뜻한 색채로 채워지는 느낌이었지. 몽파르나스에서 그녀를 처음 만났을 때도 그랬지.

 몇 해 전 봄이었어, 몽파르나스 화가 모임에 나갔다가 그녀를 처음 본 게. 동료 화가가 미술학교를 다니는 학생이라며 소개해 준 그녀는 그때 고작 열여덟 살이었지. 강렬하고 기묘한 눈빛에 반항기 어린 표정 때문이었을까? 그녀에겐 주변을 압도하는 에너지가 있었어. 가볍지 않은 말투와 맑고 또렷한 음성도 나이답지 않게 성숙했지. 그날 그녀를 본 지 채 몇 분도 지나지 않아 난 그녀를 사랑하게 될 거란 걸 알았단다. 이상하게도 그녀가 낯설지 않았어. 오래 전 알던 사람을 만난 것처럼. 게다가 끝을 알 수 없는 바다 속 같은 눈이 날 향할 땐 오묘한 기분이 들었지. 날 보고 있는 건 그녀의 눈인데 마치 내 영혼이 밖으로 빠져나와 날 바라보고 있는 착각이 들었던 거야. 신기한 느낌은 그것뿐이 아니었지. 분명 모든 게 처음인데 처음처럼 느껴지지 않는 느낌. 그날 우리가 함께 했던 그 자리도, 서로의 이름을 부르며 첫 인사를 나누던 그 순간도 언젠가 꼭 경험한 것만 같았어. 그녀를 보면서 그런 생각이 들었지. 사랑이란 건, 그렇게 우리 안에 있는 어떤 느낌이 되살아나는 일인지도 모른다고.

 그때 무엇보다 나는 그녀를 그리고 싶다는 욕망에 휩싸였단다.

그래서 어쩌면 이 조숙한 숙녀에게 무례한 제안이 될지도 모른다고 생각하면서도 불쑥 말해버렸지.

당신을 그리고 싶어요.

그날, 그녀는 망설임 없이 나의 낡고 초라한 아틀리에로 와 주었어. 의자에 앉아 고개를 한쪽으로 기울인 채 나를 바라보는 그녀를 그리는 일은 생각보다 어렵지 않았단다. 마치 여러 번 그려본 것처럼, 손이 쉽게 움직였지. 완성된 그림을 보여주자 그녀는 말없이 한참을 들여다보더니 이렇게 물었어.

왜 나를 그리고 싶었죠?

왜 그녀를 그리고 싶었을까? 글쎄, 그대가 너무나 아름다워서, 라는 낯간지러운 얘기를 할 수도 있었을 거야. 투명할 정도로 흰 피부에 붉은빛이 감도는 풍성한 곱슬머리, 강인함과 연약함이 동시에 느껴지는 우아한 턱선……, 그녀는 분명 누가 봐도 아름다웠으니까. 하지만 그녀 특유의 순수함 때문이었을까? 그녀는 자신의 아름다움에 도취된 그렇고 그런 여자들과는 달랐어. 사람들이 말하는 미에는 관심조차 없는 것처럼 보였지. 그러기에 그런 입에 발린 소리는 그녀에게 통할 것 같지가 않았어. 그 대신 이 순간을 영원히 기억하고 싶었다며 심각한 표정을 지을 수도 있었겠지만, 그녀 앞에서는 그러고 싶지가 않았어. 그저 아주 솔직해지고 싶었을 뿐.

그냥……, 그냥 그리고 싶었어요.

지금 와 생각해보면, 그건 내 첫 번째 고백이기도 했어. '그냥'이라는 말은, 다시 말하면 당신을 사랑하는 데는 이유가 없다, 당신을 사랑할 수밖에 없었다. 뭐, 그런 뜻이기도 했으니까.

그 뒤로 그녀는 날마다 내 아틀리에로 와줬고, 나는 계속 그녀를 그렸어. 그리고 얼마 지나지 않아 작고 허름한 내 아틀리에에 그녀가 들어와 함께 살기 시작했단다. 그곳에서 원 없이 그녀를 그렸어. 노란 스웨터를 입은 따뜻하고 포근한 그녀, 한쪽 어깨를 드러낸 아름답고 우아한 그녀. 한없는 꿈을 담아 나를 바라보던 그녀……. 그렇게 밤새 그녀를 그렸고, 그녀와 뜨겁게 입맞춤을 했고, 서로 한 몸인 것처럼 끌어안고 밤을 보냈지. 내 품에 안긴 그녀의 따뜻한 체온을 느끼며 창밖으로 여명이 떠오르는 걸 바라보면서 나는 비로소 삶에 정착하지 못한 채 부유하던 나 자신을 내려놓을 수 있었단다. 새벽의 냉기 때문에 등이 시렸지만 더 이상 서럽지도 춥지도 않더구나. 나는 혼자가 아니었으니까.

30년 넘는 내 인생은 표류한 난파선 같았다. 어린 시절부터 장티푸스와 결핵을 수시로 앓았던 터라 몇 번이나 죽을 고비를 넘겨야 했어. 그림자처럼 따라다니는 죽음의 공포는 결과적으로 나를 평범한 이들과 다르게 만들었지. 언젠가 죽을 것을 알지만 그것을 잊고 지내는 사람들과 달리 나는 늘 죽음을 염두에 두고 살았어. 언제까지 나에게 시간이 허락될 것인가, 죽음은 어떤 모습으로 내게 찾아올 것인가, 하는 어려운 숙제는 인생과 예술을 향한 강한 열망을 품에 만들었지.

내 원래 꿈은 조각가였다. 아프리카 원시미술에 눈을 뜨면서 그 단순하고 오묘한 철학에 반해 평생을 조각가로 살고 싶었지. 하지만 부서질 듯 약한 폐는 미세한 돌가루를 견뎌내지 못했고, 결국 조각과 그림 사이에서 방황하다 화가의 길을 선택했단다. 그런데 그마저도 순탄치 않았어. 그림이든 사람이든 조금이라도 맘에 들지 않으면 티를 내는 성격 탓에 파리의 주류 화가와 비평가와 화상들과도 잘 지내질 못했지. 나는 그 어디에도 속하지 않은 채 나만의 그림을 그렸어. 내 그림을 알아주는 사람은 찾아보기 힘들었지. 싸구려 술 한 잔에 그림을 파는 가난한 화가, 이국땅에서 철저히 외톨이로 사는 이방인, 그게 나였단다.

그런 나를 사람들은 '저주받은 화가'라고 부르기도 했어. 그러다 어느새 나 자신을 놓아버렸던 것 같아. 어디까지 인생이 나를 망가트릴 수 있는지, 얼마나 나를 고통 속으로 더 몰아넣을 수 있는지, 해볼 테면 해 봐라, 시위하는 마음이었지. 그렇게 점점 더 술에 의지하며 이 여자, 저 여자를 떠돌고 몸을 혹사시키며 만신창이가 되어가던 나에게, 그녀가 온 거야. 마치 구세주처럼.

저녁 무렵, 낡은 흔들의자에 앉아 창밖을 물끄러미 바라보던 그녀의 모습이 떠오른다. 그때의 그녀는 마치 중세 화가가 그린 신의 옆 자리에 앉은 성모 마리아 같았어. 평화의 선물 같은 존재, 내게 그녀는 그런 의미였던 것 같아.

그녀가 온 후로 불운의 사나이였던 내게도 좋은 일이 하나 둘 생겼지. 내 그림의 가치를 알아주는 화상들이 생겼고, 내 약한 폐를 걱정한 그녀 덕분에 따뜻한 니스로 건너가서 건강이 좋아지기도 했어. 게다가 우리의 2세, 우리의 보물, 널 선물 받았지. 새로운 세상을 만난 것 같은 그 황홀한 경험을 어떻게 설명하면 좋을까? 티 없이 깨끗하고 보드라운 너를 안고 있으면 가족이란 게 뭔지, 행복이란 게 뭔지 알 것 같았단다. 그즈음 날카롭고 각진 내 성격도 조금씩 부드러워졌던 것 같아. 이 세상에 존재하는 것을 인정받은 듯한 느낌, 그 따뜻한 안정감 때문이었을까? 날 상처 입힌 사람들도, 날 외면하던 세상의 시선도 용서할 수 있을 것 같았어.

그런데 신은 역시 언제나 그랬듯 내게 잔인했어. 삶의 골목골목마다 숨어있다 나타나 나를 흔들어 대던 병마가 다시 찾아왔지. 숨이 멎을 듯 기침하다 울컥 올라온 핏덩어리를 보는 순간, 난 오열하며 잠시의 행복도 용납하지 않는 신을 원망했다. 두려웠다. 또 얼마나 가혹한 시간이 내게 찾아올 것인가. 그녀는 나로 인해 얼마나 아파해야 하는가. 게다가 어렵게 연 생애 첫 개인전에서 선보인 누드화가 미풍양속을 해친다는 이유로 내팽개쳐졌을 때 나는 인정하고 말았지. 내가 저주받은 화가라는 사실을.

아픈 나를 돌보다 침대 한 켠에 엎드려 잠든 그녀를 볼 때면 내 불운이 그녀마저 불행하게 만드는구나, 싶어 한없이 가슴이 죄어왔다. 싱그럽던 그녀의 얼굴이 초췌해진 걸 보면서 그녀를 가지려고 한 것이 내 욕심은 아니었을까, 죄책감도 들었지. 그녀는 불행했을까? 아니 나를 만나 행복한 적은 있었을까?

애초에 그녀는 나와는 참 달랐다. 난 가난과 핍박에 익숙한 망명자 출신의 무명 화가였지만, 그녀는 많은 것을 갖고 태어나 자신의 재능을 막 발견하기 시작한 재원이었지. 그녀 또한 그림에 대단한 재능이 있었어. 그녀의 그림은 나랑 비슷하면서도 달랐지. 내가 오직 인물에만 집중했다면 그녀는 인물을 둘러싼 환경까지 포근하게 품는 따뜻한 시선을 가지고 있었다. 그녀가 그린 셀프 누드화는 얼마나 놀라웠던지. 기존의 여성에 대한 시각을 비웃는 듯한 대담한 표현과 거침없는 붓놀림을 보면서 그녀 안에 잠재된 뜨거운 에너지에 박수를 보내기도 했어.

  동시에 미안한 맘이 드는 것도 어쩔 수 없었지. 이토록 아름답고 근사한 그녀를 내가 망치고 있는 것은 아닐까, 후회가 밀려들었다. 자격지심 때문이었을까? 실제로 그녀의 뒷모습이 쓸쓸해 보일 때가 많았거든. 그녀의 안쓰러운 등을 바라보면서 그녀가 지금 이 음울한 공기가 떠도는 좁은 아틀리에를 떠나 부모님과 함께 살던 넓고 따뜻한 집을 그리워하는 건 아닐까, 불안했어. 죽음의 그림자가 다가오고 있는 시체 같은 나를 떠나 사랑하는 가족 곁으로 가고 싶은 건 아닐까, 겁이 났지. 그럴 때면 그녀를 더 따뜻하게 안아줬어야 했는데, 그 외로움을 내가 채워줬어야 했는데……. 반대로 그럴 때면 난 더욱 화를 내고 말았지. 남자들에겐 그렇게 못된 버릇이 있단다. 자신 없고 미안할 때 더 큰소리를 내고 화를 내는 거지. 그때마다 그녀는 말이 없었어. 그럴수록 그녀를 더욱 도발하고 싶은 마음이 들었고, 난 미치광이처럼 맹렬하게 화를 냈다.

어느 날이었나, 그날도 그렇게 미친 듯이 화를 내고 기절한 듯 잠들었다가 눈을 떠보니 그녀가 그린 자화상이 탁자 위에 놓여 있었어. 자신의 가슴을 칼로 찌르는 그녀의 그림은 너무나 충격적이었다. 아직 붓 자국이 채 마르지도 않은, 그녀의 가슴에서 솟구치던 처절하게 붉은 피를 보는 순간 난 살인을 저지른 죄인이 된 것처럼 떨리고 무서웠어. 아, 내가 도대체 무슨 짓을 했단 말인가, 얼마나 고통스러웠으면 자신의 가슴을 칼로 난도질하려고 했던 것일까.

그날, 난 마지막으로 붓을 들었다. 그녀에게 줄 마지막 선물을 주기 위해서, 그녀를 사랑하면서도 상처를 줘야 했던 못난 내 자신을 마지막으로 구원하는 마음으로……. 수없이 다른 사람을 그리면서도 정작 난 내 자신을 그린 적이 없었어. 그건 내 자신을 들여다보기가 힘들었기 때문이야. 병약한 나를, 불운한 나를, 고독한 나를 바라보기가 두려웠지. 그 고통과 마주하기 싫어서 외면하고 싶었던 거야. 그런 내가 드디어 나를 정면으로 마주봤단다. 사랑하는 이를 위해서, 그녀가 바라보고 바라봤던 나를 그녀에게 선물하기 위해서. 하지만 차마 똑바로 바라볼 수는 없었다. 이렇게 그녀를 두고 갈 수밖에 없는 내가 싫어서, 이 잔인한 현실이 견딜 수가 없어서.

사는 내내 '저주받은 화가', '비운의 화가'라는 말을 들었다. 한때는 그 말이 맞다고 생각했지. 그래, 어쩌면 세상 사람들의 기준에 나는 참으로 불운한 사람일지도 모르겠다. 그렇더라도 너만은 나를 이렇게 기억해줬으면 좋겠구나.

아무것도 가진 것 없이 모든 것을 가진 화가, 그가 나라고.

내겐 그녀가 있었으니까, 그녀와 내게 함께 한 시간은 고작 3년 남짓이지만, 삶이란 그렇게 한순간이 전부가 될 수 있는 거니까. 벌써 그녀가 그립구나. 저 세상에서도 난 그녀를 그리고 있을 것 같아.

언젠가, 이 편지를 네가 읽게 될 날이 있겠지? 그때 너무 많이 울지 않았으면 좋겠다. 또 우리의 사랑을 너무 서러워하지도 않았으면 해. 그리고 조금은 너 자신을 자랑스러워 할 수 있다면 좋겠다. 너는 더할 수 없이 치열하게 사랑한 우리 사랑의 증거니까.

미안하다 그리고 사랑한다.

나의 딸, 나의 사랑.

그여자 이야기

그는 지금 어디쯤 있을까?

그의 하나뿐인 자화상을 아프게 들여다보는 나를, 그도 지금 어딘가에서 보고 있을까?

언젠가 너도 이 그림을 좋아하게 될 거라고 믿어. 어쩌면 현실에서 만날 수 없는 그를 대신해 그림 안에 고요하게 앉아있는 그에게 조그만 네가 다가가겠지. 그리고 그가 즐겨 입던 코르덴 코트와 얇고 따뜻한 머플러에 네 얼굴을 대볼지도 모르고, 야윈 그 얼굴을 가만히 쓰다듬을지도 모르겠다. 아, 그 애잔한 모습을 상상하니 가슴이 미어지는 것만 같아.

어쩌면 그는 이 모든 걸 예감했나 봐. 자화상 속에 그가 차마 우리를 마주 보지 못하고 있는 걸 보면. 그 무엇도 볼 수가 없어서 자신의 눈을 까맣게 그린 걸 보면.

그를 처음 만나던 날, 그의 눈은 달랐는데……. 푸른빛이 영롱한 눈동자엔 비범함이 흘렀단다. 그 눈이 남들이 보지 못하는 걸 보는 것만 같았고, 그가 무엇을 보는지 강렬한 호기심을 느낀 나는 기꺼이 그에게 다가갔지.

어린 시절부터 동경하던 거리, 몽파르나스에서 그를 만났어. 안정된 인생보다 열정과 모험을 통해 진짜 인생을 열렬히 살고 싶었던 열아홉 청춘을 사로잡은 예술가의 거리에서 그는 이미 하나의 전설이었단다. 적어도 내게는 그랬어.

죽을 고비를 몇 번이나 넘겼다는 영험한 화가, 우수에 젖은 눈동자와 그림 같은 입술로 니체와 랭보의 시를 노래한다는 아름다운 예술가. 인간의 영혼과 애수를 그리는, 이탈리아에서 건너온 조각 같은 미남 화가. 인생과 예술과 사랑에 대한 갈망으로 허기진 어린 나는 그의 이야기를 하나의 신화처럼 받아들였던 거지.

어느 봄날이었을 거야. 그저 꿈속의 인물로만 생각하던 그가, 몽파르나스의 전설이, 햇살 쏟아지는 거리에서 내 앞을 지나갔단다. 세상이 정지한 것만 같던 그 순간을 어떻게 잊을 수 있을까? 어딘가 아득한 다른 세상에 떨어진 것만 같던 그때를. 그때부터 난 그의 주변을 맴돌았어. 우연이라도 그와 한 번 더 마주치길 바라면서. 우습게도 그와 얘길하게 되면 무슨 말을 할까, 혼자서 그에게 말을 거는 연습을 하기도 했지. 그리고 어느 날, 화가인 오빠 친구를 따라 몽파르나스 화가 모임에 그를 만나기 위해 찾아갔단다.

이름난 화가들이 모인 그곳에서 내 눈과 내 마음은, 오로지 한 남자만을 향해 있었어. 나는 단박에 그를 찾아냈단다. 아담하지만 단단한 체격에 부드러운 금갈색 머리칼, 신화 속 인물의 조각처럼 반듯하면서 군더더기 없는 얼굴선, 크고 그윽한 눈, 한눈에 봐도 그는 미남이었지. 그에게 가까이 다가서자마자 나는 이 사람에게서 헤어 나올 수 없겠구나, 하고 생각했어. 사선을 넘나든 사람이었기 때문일까? 어딘가 범상치 않은 분위기도 매혹적이었지만, 무엇보다 그를 보는 순간 가슴이 시큰하면서 막연한 슬픔 같은 느껴지는데 순간, 나는 그런 생각을 했어. 이런 걸 운명이라고 하는지도 모르겠다고.

당신을 그리고 싶어요.

그도 나와 같은 마음이었던 것일까? 만난 지 채 몇 분 되지도 않아 내게 한 그 말을, 나는 운명의 부름처럼 받아들였고 그의 아틀리에로 가서 기꺼이 그의 모델이 되기로 했어.

그날, 난 그의 그림을 보고서 내 예감이 틀리지 않았다는 걸 알았단다. 비현실적으로 긴 목에 기다란 콧날과 어딘가 텅 빈 것 같은 눈동자까지 그가 그린 나를 보면서 나는 그가 내 영혼까지 보고 있다는 생각이 들었어. 그는 본 대로 그리는 화가가 아니라 느낀 대로 그리는 화가였던 거지. 그의 옆에서라면 인생의 깊은 의미를 찾아낼 수 있을 것만 같아서 나는 가슴이 두근거리기 시작했단다. 그 모든 마음을 숨기고 나는 그에게 물었어.

왜 나를 그리고 싶었죠?

그는 '그냥' 이라고 말했어. 그냥 그리고 싶었다고. 더 이상의 어떤 설명도 하지 않았지. 그 대답이 맘에 들었단다. 그 말은 그릴 수밖에 없었다는 말처럼 들렸고, 그건 내게 사랑할 수밖에 없다는 말과 같았으니까.

그날, 그의 아틀리에에서 우리는 마치 오랜만에 만난 연인처럼 한참을 서로 바라보며 이야기를 나눴단다. 그런데 이상한 게 처음 만나 처음 얘기하는 사이인데, 나는 비로소 내가 된 기분이었어. 이 세상 누군가의 앞에 설 때보다 나다운 내가 그의 앞에 앉아 있었던 거야. 자상하지만 엄격한 부모님 앞에서처럼 착하고 성실한 딸인 척할 필요도 없었고, 보통의 여자들과는 다른 자유로운 사고방식을 가진 나를 감추려 상냥하고 참한 척을 할 필요도 없었지. 그 때문이었을까? 난 한 치의 망설임 없이 그의 품에 뛰어 들었단다.

그해 여름, 난 마치 내가 원래 살던 집인 것처럼 그의 작은 아틀리에로 들어가 함께 살기 시작했지. 나를 믿고 지원해주던 부모님을 생각하면 가슴이 무거워졌고, 좋아하는 그림을 포기하고 붓 대신 총을 들고 전쟁터에 나가 있을 사랑하는 오빠를 생각하면 죄책감이 들었어. 하지만 열아홉의 나는 사랑에 무모하게 뛰어드는 법만 알았을 뿐, 물러서는 법을 알지 못했단다.

그를 진심으로 사랑했어. 뼛속까지 가난했으면서도 카페 손님들의 얼굴을 그린 그림 값으로 술 한 잔에 만족해버리는 대책 없는 소탈함도 좋았고, 팔리지 않는 그림뭉치에 구멍을 뚫어 화장실에 매단 어린아이 같은 치기도 사랑스러웠지. 그리고 부러웠어. 내가 한번도 경험해보지 못한 사선에서 얻은 삶에 대한 그만의 특별한 견해도, 섬세한 예술적 감성도. 아니 나는 될 수 있다면 그가 되고 싶었단다.

그와 함께 살면서 그런 감정은 더욱 깊어졌지. 멈추는 법 없이 본능적인 확신과 넘치는 감수성으로 작업하던 모습을 네가 봤다면 무척 자랑스러워했을 거야. 게다가 순진할 정도로 고집스러웠던 이 남자는 초상화 한 장을 그리기 위해 하루에 100장도 넘게 데생을 했거든. 그 모습을 보면서 느꼈어. 재능이란 타고난 재주를 말하는 것이 아니라는 걸. 재능은 바로 고통을 인내하며 부단히 노력할 수 있는 능력이었던 거야.

그렇게 탄생한 그의 수많은 초상화 속 주인공들은 고혹적이면서도 어딘가 슬픔에 젖어보였어. 그들을 바라보고 있노라면 마음이 처연해지고 뭉클해졌지. 그의 그림이 쓸쓸하면서도 애틋한 분위기를 전해줬던 건 아마도 그가 밝음보다 어둠을, 웃음보다 눈물을, 높은 곳보다 낮은 곳을 사랑하는 사람이었기 때문일 거라고 생각해. 그는 누구보다 상처받은 자의 마음을 잘 이해했거든. 주류에 휩쓸리지 않아서 아웃사이더 화가로 힘든 시절을 보낸 그였기에, 타국에 흘러 들어와서 이방인으로 외롭게 살아야 했던 그였기에, 그렇게 처절하게 외롭고 아파 본 사람이었기에 사람들의 고독과 외로움을 더 잘 들여다 볼 수 있었던 거겠지.

타인의 상처를 애틋하게 바라보고 따뜻하게 감싸는 화가였지만 정작 그는 자기 안의 슬픔과 상처를 다독이는 데 서툴렀던 것 같아. 그리고 그건 내게 상처로 다가오기도 했단다. 그를, 또 그의 그림을 사랑하려는 내 노력과 상관없이 그를 괴롭히던 병마가 다시 찾아왔을 때, 세상이 여전히 그를 외면할 때, 그는 죽음 앞에서 마지막 발톱을 휘두르는 야수처럼 거칠어지고 난폭한 모습을 보였어. 그리고 다시 술과 여자로 자신의 몸을 혹사하기 시작했지.

난 그 앞에서는 울고 싶지가 않았어. 가족도 집도 등진 채 오직 그만을 바라보는 나란 존재가 위로가 되지 않는 것 같은 절망감에 서러워 울음이 북받칠 때는 조용히 돌아섰지. 실은 알고 있었기 때문이야. 그는 내가 아닌, 자기 자신과 신에게 광폭하게 분노하고 있다는 걸…….

그 시간을 지나오면서 아픈 진실을 깨달았어. 세상에서 가장 슬픈 일은, 사랑하는 사람의 고통을 그저 무력하게 바라봐야 하는 일이라는 걸. 그가 피를 토하며 고통스러워 할 때, 흰 침대 커버에 물든 잔인할 정도로 붉은 피들을 볼 때, 영롱하게 빛나는 눈빛은 어느새 사라지고 초점 없는 눈동자로 나를 바라보며 나조차 알아보지 못하는 그를 바라봐야 했을 때, 난 내 심장을 도려내는 것처럼 아팠다. 그때 내가 할 수 있는 건 아무것도 없었어. 그의 바람대로 술을 사서 가파른 골목을 달리는 일밖에는…….

언젠가 한 친구가 물은 적이 있어. 어떻게 그를 견디느냐고.

그런 얘길 들었단다. 예술가는 남보다 우월한 사람이 아니라 부족한 사람이라고. 그 부족함을 온몸으로 극복하려고, 치열하게 애쓰는 자라고, 나는 그를 그렇게 이해하고 싶었어.

부서질 것 같은 체력으로 생을 버티며 예술에 헌신한 사람, 나를 그 누구도 아닌 나 자신으로 만들어 준 사람, 곁에 있어도 그립고 또 그리운 사람, 나를 그릴 때 가장 행복하다고 웃는 사람, 천국에서도 나를 그리겠다고 말한 내 하나뿐인 연인……. 그런 그를 어떻게 미워하고 원망할 수 있겠니?

 나는 그를 통해 꿈을 꿨고, 그를 통해 성장했단다. 꿈 많은 소녀에 불과하던 내가 사랑에 목숨을 걸고 책임지는 한 여인이 됐지. 그리고 생의 가장 중요한 가치가 바로 사랑이라는 것도 알게 됐어.

 사람들은 내가 그를 살게 했다고 말하지만, 아니야. 나를 살게 한 건 그였어. 내가 그토록 찾고 바라던 진짜 인생으로 인도한 건 그였으니까.

 실은 너무나 다른 우리가 이렇게 사랑하리라고는 그리고 서로를 이토록 필요로 하게 될 줄은 나도 몰랐어. 그런데 그를 사랑하면서 배웠단다. 인간은 누구나 다른 데서 출발하지만, 누구라도 같은 곳에서 만날 수 있다는 걸 말이야.

 그는 빈곤을 경험했기에 그에 따른 생의 슬픔과 아픔을 알았지. 그러나 나는 역설적으로 부족함이 없이 자랐기에 그런 생의 슬픔에 주목하게 됐단다. 사람은 때로 자신이 갖고 있는 것보다 갖지 못한 것을 더 많이 바라보게 된다고 하면 이해할 수 있을까?

 그의 방황이 나 또한 방황하게 한 것은 사실이야. 또 오랫동안 고통스러웠지. 사랑하는 가족을 등졌다는 죄책감과 열아홉 어린 나이의 임신도 나를 힘들게 했어. 장밋빛 미래만이 펼쳐질 줄 알았던 우리 두 사람의 미래에 이렇게 커다란 고통이 숨겨져 있을 줄 어린 나는 짐작할 수가 없었어. 당연히 너무 행복해서 잠이 오지 않을 정도로 설레고 황홀한 날도 있었지만 베개가 흠뻑 젖을 정도로 울어야 했던 날도 많았지. 그래, 어쩌면 어느 시인의 말처럼 사랑하는 사람들의 영혼엔 휴식이란 없는 것일지도 몰라. 고통이 친구처럼 늘 따라다니는 것, 그것이야말로 사랑하는 이들의 숙명인지도…….

한때는 나도 그런 생각을 했어. 그를 잊거나 끊을 수 있는 방법을 알면 좋겠다고. 그러나 난 그를 사랑하는 것 한 가지밖에 모르는 사랑의 백치였던 거야.

그렇게 내 인생의 전부인 그가, 나의 또 다른 세상이던 그가 내게서 떠나 버렸어. 너무나 고통스러워 하던 모습을 봤기 때문일까? 병원으로 달려가 차갑게 식은 그의 모습은 오히려 평온해 보이더구나.

그토록 신께 기도했건만, 그가 감당해야 할 고통의 백 배, 천 배, 만 배라도 내가 겪겠다고, 부디 그만은, 그만은 지켜달라고, 울면서 매달렸건만……. 인간의 바람은 얼마나 허망하고 헛된 것일까?

죽기 전에 그는 내게 이 말을 전해달라고 했대.

천국에서 꼭 다시 만나자.

그는 내 말을 기억하고 있었던 거야. 천국에서도 그의 모델이 되겠다는 나의 약속을. 나는 언제나 그의 진정한 반려자가 되고 싶었지. 늘 함께이고 싶었어. 환희 속에서도 고통 속에서도. 그가 나고 내가 그였으니까.

그래서 이제 그의 길을 나도 함께 떠나려고 해. 나의 길은 그에게 가는 것이고, 그와 함께 하는 것이고, 그의 곁에 있는 일이니까.

아직 세상의 빛도 보지 못한 너의 동생 인생마저 희생하며 떠나려는 나를 누군가는 잔인하겠다고 하겠지. 너조차도 나를 용서할 수 없을지 모르겠구나.

그런데 견딜 수가 없어. 다시 한 번 그의 품에 다시 안기고 싶어. 그의 뺨에 내 얼굴을 맞대고, 그의 어깨에 기대서 푸른빛이 서린 새벽을 바라보고 싶어. 그의 따뜻한 손을 잡고, 그가 나를 향해 웃는 모습을 보고 싶어. 그럴 수만 있다면, 단 한 번만이라도 그를 볼 수 있다면, 내 남은 생을 기꺼이 바치고 싶은 마음뿐이란다.

이런 나를, 이 이기적인 여자를, 너무나 잔인한 엄마를 용서할 수 없다는 걸 나도 알고 있단다. 아니 감히 용서란 말조차 꺼낼 자격이 내겐 없겠지.

그렇더라도 언젠가, 목숨을 다해 사랑하고 싶은 사람을 만나게 돼서 아주 조금, 아주 조금이라도 나란 여인을 이해하게 된다면, 그때는 기억해주지 않을래? 내 삶은 결코 불행하지 않았다는 것을. 어떤 사람들에겐 단 1분의 사랑이, 아주 짧은 행복이, 그것이 찰나일지라도, 영원일 수 있단다. 우리는 사랑하기 위해 태어났고 사랑하다 가는 사람들이니까.

나는 그 사랑을 지키고 싶었을 뿐이란다. 그것이 신의 뜻을 거역하는 일일지라도.

안녕……. 가엽고도 가여운 나의 딸, 나의 사랑.

그 남자
아메데오 모딜리아니
Amededeo Modigliani 1884~1920

'되살아난 자'.

그가 남긴 편지에는 이름 대신 이런 서명이 남겨져 있다고 한다. 실제로 그는 어린 시절부터 티푸스와 폐렴, 결핵 같은 당시로서는 위험한 병마를 겪으며 몇 번이나 죽을 뻔하다 살아났다. 이런 경험은 그에게 정서적인 불안을 가져오기도 했지만, 인간과 인생에 대한 애틋한 시선과 성찰도 남겼다. 단신이었지만, 조각 같은 외모와 지적인 지식으로 무장한 그는 파리의 미남 예술가로도 유명했다. 자신의 주관을 꺾지 않는 고집스런 성격 때문에 주류 화가들과 어울리지 않는 몽파르나스의 아웃사이더 화가인 그는 어느 사조에도 속하지 않았다. 그는 자신의 그림을 놓고 도도하게 말했다. "나는 비평을 받기 위해서 그 그림을 그린 것이 아니다. 단지 인간 그 자체를 바라보았을 뿐이다."

이 불운한 화가는 죽기 전 런던에서 열린 〈현대 프랑스 예술 그룹전〉에 유화가 전시되어 높은 평가를 받기 시작했다. 하지만 곧 건강이 악화돼 이듬해 한 병원에서 사망했다. 그 후 그의 작품은 비로소 인정받기 시작했다. 생전에는 5프랑에 팔리던 그의 드로잉이 그가 죽은 지 이틀 후 갑자기 뛰어오르더니 15년 뒤에는 50만 프랑에 이른 것. 식당 주인이 음식 외상값으로도 아깝다며 내던진 그림은 몇 천만 달러를 줘도 구하기 어려울 정도다.

장 콕토의 애도와 함께 시작된 그의 장례식엔 피카소, 자크 립시츠 같은 파리의 유명 화가는 물론 몽파르나스에 살던 거의 모든 화가가 찾아와, 생전에 단 한 번도 높은 평가를 받지 못한 동료에게 작별을 고했다. 그의 장난스런 서명처럼, 그는 죽은 뒤에 또 다시 되살아났다. 그의 작품과 전설적인 러브 스토리와 함께.

그 여자
잔 에뷔테른
Jeanne Hebuterne 1898~1920

하얀 피부, 아름다운 갈색 머리 때문에 '코코넛'이란 별명으로 불리던 그녀는 80년 가까이 모딜리아니의 연인으로만 알려져 왔다. 그녀의 이름이 묻혀 있었던 건 가족의 상처 때문이었다.

모딜리아니의 죽음 이후 임신 8개월의 몸으로 그를 따라 자살한 잔의 비극적인 죽음은 가톨릭 집안인 그녀의 가족에게 가슴 아픈 충격으로 남았다. 딸이 모딜리아니에게 가리어 평가 절하되거나 말하기 좋아하는 세상의 얘깃거리가 되길 바라지 않았던 가족은 그녀에 관한 어떤 자료도 작품도 공개하지 않았다. 그렇기 때문에 그녀의 작품은 전람회에 출품되기는커녕 화랑에서 유통조차 되지 않았다.

그러나 그녀는 연인만큼이나 남다른 재능을 가진 예술가였다. 어린 시절부터 의상 디자인과 바이올린에도 뛰어난 재능을 보인 팔방미인이었으며, 드로잉과 미술적 재능도 남달랐다.

그녀가 미술사에서 언급되기 시작한 건 2000년 베네치아에서 열린 〈모딜리아니와 그의 친구들〉이라는 전시에서였다. 이때 소개된 대담한 터치의 그녀의 셀프 누드화는 그간의 남성의 시각을 뒤집는 여성만이 그릴 수 있는 뛰어난 작품으로 재평가됐다. 그제야 사람들은 잔을 자기 나름의 삶을 누리고자 했고, 스스로 예술로서 자립하고 싶어 했던 진지한 예술가로 생각하기 시작했다.

운명적인 사랑으로 이 재능 있는 예술가의 생은 너무 빨리 막을 내렸다. 그의 연인이 세상을 떠난 이틀 뒤, 임신 8개월의 몸으로 친정 아파트 6층에서 뛰어내려 모딜리아니의 곁을 따라간 것이다. 그러나 죽음도 함께 하고 싶었던 잔의 염원과 상관없이 그녀의 집안에서는 아무런 부고도 없이 그녀를 파리 변두리에 따로 묻었다. 수년 후에야 두 사람은 모딜리아니 어머니의 간곡한 부탁으로 페르 라 세즈 묘지에 함께 묻히게 됐다.

두 연인의 유일한 혈육인 큰딸의 이름은 어머니의 이름을 딴 '잔 모딜리아니'다. 그녀는 훗날 모딜리아니의 고모에게 입양되어 키워졌다. 미술사를 전공한 딸 잔은 기억조차 남아있지 않은 아버지에 대한 애정과 세밀한 고증을 담은 전기 《모딜리아니라는 남자의 신화》를 세상에 내놓았다.

사랑은 영원히 계속될 줄 알았지만, 내가 틀렸습니다.
지금 별들은 필요 없습니다. 다 꺼버리세요.
달을 싸서 치우고 해를 내리세요.
바닷물을 다 쏟아버리고 숲을 쓸어버리세요.
지금은 아무것도 소용이 없으니까요.

- W.H 오든의 시 〈슬픈 장례식〉

아파서, 너무 아파서,
차마 돌아볼 수 없는

횔덜린과
주제테 공타르

뭉크 《창 옆에서의 키스》 중에서

그여자이야기

그대도, 산다는 게 외롭고 힘겨운가요?

한번도 물어온 적은 없었지만, 그와 가벼운 눈인사를 할 때마다, 어깨를 스치며 계단을 오르내릴 때마다, 창가에 드리운 커튼 틈 사이로 집안에 들어서는 그를 남몰래 바라볼 때마다…… 나지막하게 묻는 그의 목소리가 들리는 것 같았습니다. 그럴 때면 나도 모르게 그 안쓰러운 질문에 답하듯 고개를 끄덕였습니다.

내가 원하는 삶이 무엇이었는지조차 아득해진 시간 속에서 그저 살고 있는 무력함, 그런데도 어떤 것도 포기하지 못하는 진실한 인생에 대한 미련. 어쩌면 그는 이 어지러운 마음을 배부른 투정이 아닌 인간이라면 누구나 가질 수 있는 삶에 대한 갈망으로 이해해 줄지도 모른다는 생각이 들었습니다.

조용한 위안과 알 수 없는 동질감. 그를 처음 만나 느낀 감정은 바로 그것이었습니다.

그는 내 아이의 가정교사였습니다. 섬세하면서도 고요한 열정이 담긴 투명한 갈색 눈을 가진 그는 한눈에 보기에도 거대한 상업

도시 라이프치히와 어울리는 사람이 아니었습니다. 실제로 그는 튀빙겐이나 예나처럼 학문과 이상이 발달한 지방에서 신학을 공부한 뒤 시를 쓰는 시인이었습니다. 때 묻지 않은 문학청년이 보기에 이곳 귀족들의 속빈 겉치레와 허세는 증오의 대상이었겠지요. 그래서였을까요? 그는 이곳에 몸담고 있으면서도 속하지 못하는 주변인처럼 보였습니다.

그건 나 또한 마찬가지였지요. 이 도시가, 내가 살고 있는 이 집이, 어쩔 수 없이 만나야 하는 이곳 사람들이 싫었습니다. 허영 가득한 사람들의 자기 과시와 미소를 띠며 타인을 교묘하게 헐뜯는 대화들이 가득한 사교 모임에 나가면 언제나 숨이 막히는 것만 같았습니다. 그곳에서 나는 남편의 장식품 그 이상도 그 이하도 아니었지요. 그렇듯 허울뿐인 만남을 마치고 돌아오는 날엔 내가 도대체 뭘 하고 있는 건가, 싶어 산다는 일에 신물이 났습니다.

내가 원하는 삶은 무엇이었을까요?

그 답을 찾아 발걸음을 떼기도 전, 열일곱의 나이에 결혼했습니다. 나는 아버지가 예순셋에 얻은 딸이었습니다. 아버진 내가 여덟 살이 되던 해에 돌아가셨지요. 그 때문에 어머니는 막중한 책임감으로 나와 동생을 키우셨고, 어린 딸을 풍요로운 집안에 시집보내는 것이 자신의 의무라고 여겼습니다. 어린 나이에 결혼하게 된 건 이런 이유였지요. 당연히 그 결혼엔 사랑이 빠져 있었습니다. 그것은 결과적으로 삶을 불행하게 만들었습니다.

 남편의 좌우명은 '무엇보다 사업'이었습니다. 성공과 야망을 향해 달려가는 남자에게 어린 아내의 내면 따위는 관심의 대상이 될 수가 없었겠지요. 가장 가까워야 할 이가 나란 사람을 알려고 하지 않는다는 것, 내 생각과 행복에는 관심조차 없다는 것, 그것은 결국 내 존재감의 상실을 경험하게 만들었습니다. 그때부터였습니다. 나는 왜 살아야 하는가, 하는 허망한 질문을 던지며 스스로 세상 속에서 조금씩 떨어져 나오기 시작한 건.

 그렇게 일찍부터 삶의 생기와 존재의 의의를 잃어버린 내게 그가 다가왔습니다. 나도 그 기분 알아요, 하는 공감과 위로가 담긴 따뜻한 눈빛을 건네면서. 그때 차갑고 쓸쓸한 마음의 방 어딘가에서 따뜻한 불씨가 피어올랐던 것도 같습니다.

 무료한 생활에 생기가 돌기 시작했습니다. 그건 무엇보다 기다림 때문이었지요. 하루에 단 몇 분, 몇 초…… 그와 나눈 짧은 눈인사를, 간단한 목례를, 우연히 함께하게 될 산책을, 호젓한 담소를 기다리는 그 반짝거리던 시간은 행복의 다른 이름이었습니다.

그가, 좋았습니다. 나처럼 어느 섬에 버려진 것 같은 그가. 그래도 살아야 한다고, 우리는 삶의 의의를 찾아내야 한다고, 묵직하게 가라앉는 목소리를 끌어올리며 이야기할 땐 그의 손을 잡고 싶었습니다. 오랜 시간 얼마나 목마르게 사랑과 자유를 동경하며 살아왔는지를 털어놓을 땐 가만히 그의 등을 쓸어주고 싶었습니다. 너무나 예민하고 섬세했기에 더 많이 느끼며 더 많이 상처받으면서도 철저하게 자신을 시에 바치려는 그의 순수한 열정이 전해질 땐 이 젊은 예술가를 뜨겁게 안고 싶었습니다.

그리고 알게 됐습니다. 그가 고통스런 예술의 길에서 마음을 다치거나 자괴감에 빠져 마음의 평화를 잃을 때 온 마음으로 위로하면서, 내게서 구원받았다는 그의 애절한 고백을 들으면서……. 외로운 그를 또 나를 서로 보듬고 다독이면서 비로소 깨달았던 것이지요. 우리는 사랑하기 위해서, 이해하기 위해서, 의지하기 위해서 여기 이곳에 함께 있다는 걸 말입니다.

그러나 우리의 사랑은 살얼음판을 걷는 것처럼 조심스러울 수밖에 없었습니다. 큰소리로 서로의 이름을 부를 수도, 서로를 보며 누구보다 환하게 웃을 수도 없는 연인, 그것이 우리의 현실이었습니다.

그런 우리에게도 꿈결 같은 시간이 있었습니다. 독일을 공격하던 프랑스군을 피해 남편 없이 3개월 동안 아이들을 데리고 그와 카셀을 거쳐 베스트팔렌으로 떠났던 여행. 고요한 들판에서 조심스럽게 그의 이름을 마음이 아닌 입술로 가만히 소리 내어 불러보면서, 죄책감에 고개를 떨구는 대신 시선을 높여 오래도록 그의 눈빛을, 얼굴을, 뒷모습을 가만히 바라보던 그 시간들. 마치 꿈처럼 비현실적이던 그 시간은 내 인생의 가장 눈부신 그림으로 남았습니다. 고통과 힘든 투쟁 속에서 쓴 그의 첫 책, 첫 장에 나오던 그 뭉클한 문장. 당신 아니면 그 누구에게, 이 아름다운 고백은 죽을 때까지 잊지 못할 내 인생의 문장이 되었습니다.

그러나 달콤한 행복 뒤에 찾아온 현실은 역시 냉정했습니다. 진심을 감출 수 없었던 그와 나의 남다른 시선과 주변의 소문에 남편도 우리의 관계를 알게 됐습니다. 그는 불같이 화를 내는 대신 경멸의 시선으로 나를 바라봤습니다.

고상한 척, 우아한 척하며 인생의 진리니 뭐니 떠들어대던 당신이 찾은 진실이 바로 이 따위 저급한 불륜이었나?

우리의 사랑을 모독하는 남편의 태도에 마음이 상하는 건 어쩔 수 없었습니다. 그러나 그 모욕적인 말에 어떤 답도 하지 못했습니다. 그와의 사랑이 가슴으론 당당했지만, 타인과 가족을 설득할 수는 없는 일이었습니다.

두텁고 육중한 현실의 벽이 우리를 가로막고 서 있었습니다. 그와 새로 시작하기 위해 네 아이를 떠난다는 것은 나로선 상상도 할 수 없었습니다. 그렇다고 그 짐을 고뇌하는 그에게 안기는 것도 못할 짓이었지요.

그는 결국 짐을 꾸려 집을 떠났습니다. 나를 모욕하는 남편을 더 두고 볼 수 없어서였을까요? 이 복잡한 상황을 어쩌지 못하는 무력함 때문이었을까요? 그의 고고함에 상처를 입히는 사람들 때문이었을까요? 아니, 이 모든 것이 그를 떠날 수밖에 없게 만들었을 거라 생각합니다. 더는 이곳에서 사랑을 유지할 수 없었기에, 헤어져 다시 우리의 관계를 생각해보려 한 것은 아니었을까요? 떠나는 그에게 인사조차 하지 못했습니다. 아무 말도 할 수가 없었습니다. 그런 그를 그저 아프게 바라보는 것밖에는 할 수 있는 일이 없었습니다. 멀어져가는 그의 뒷모습은 초라했고 쓸쓸했고 가여웠고 아팠습니다. 그리고 처음으로 두려워졌습니다. 내 사랑이 그에게 상처일 수도 있다는 사실이.

그가 떠난 뒤 따뜻한 정원 같던 내 세상은 다시 황량한 들판으로 변했습니다. 아이들의 밝고 아름다운 목소리도 들리지가 않았고,

따뜻하게 피부를 감싸던 햇살과 미풍은 쓰라렸습니다. 물 한 모금조차 넘기기가 힘들었지요. 고통 가운데서만 아직 살아있음을 느끼던 힘겨운 시간, 나를 버티게 한 건 그와 편지를 주고받는 일이었습니다. 몇 일에 한 번씩 전해지는 그의 편지가 어느새 편지함에 가득 찼을 때, 편지를 모아 책처럼 만들어 읽는 것이 그즈음 내 유일한 낙이었습니다. 나는 온 힘을 다해 편지로 그를 위로했습니다. 그가 나를 통해 안정을 찾고 변화하는 것, 그것이야말로 내 존재의 의의이자 행복이자 의무임을 잊지 않고 싶었습니다.

남편의 감시 속에 편지로 마음을 전하며 바라고 또 바랐습니다. 부디 그가 나로 인해 상처받지 말기를, 그 때문에 다시 예전의 방황하던 시절로 돌아가지 말기를.

편지로 서로의 소식을 주고받은 지 1년이 지난 어느 날, 어렵게 그를 만났습니다. 그런데 오래도록 그리던 그의 얼굴이었건만, 그를 바라보는 순간 내 가슴은 한순간에 무너져 내렸습니다. 초췌해진 채 흔들리는 눈빛으로 나를 바라보던 그의 얼굴을 보며 나는 더 이상 부정할 수 없었습니다. 우리 사랑이 서로의 인생을 뿌리째 흔들며 위태롭게 만들고 있다는 것을. 무엇보다 사랑의 고통에 신음하는 그를 더 두고 볼 수가 없었습니다. 결국 그날, 마지막 편지를 쓰고 말았습니다.

다시 돌아오지 않겠다고 약속해주세요. 그대와 나, 우리 두 사람은 언젠가 꼭 평온을 다시 찾아야만 해요. 그래서 주어진 길을 걸을 수 있어야 합니다. 그러니 이제 우리의 길을 가도록 해요. 고통 속에서도 행복을 느끼며 그 고통이 오래 머물도록 기도하면서.

그를 통해 내가 기대할 수 있었던 것보다 더 많은 것을 얻었습니다. 나는 생애 한번뿐인 사랑을 갖게 됐습니다. 나란 사람이 존재해야 하는 이유를 알았습니다. 산다는 일이 얼마나 감사하고 아름다운지를 새삼 깨달았습니다. 그것으로 족하다고, 그것만으로 감사한 일이라고 스스로를 다독였습니다. 그렇게 내 시대는, 내 아름다운 시간은 지나갔다고 생각했습니다.

그러나 그는 다르다고, 그는 이제부터 행동하고 세상에 소중한 진실을 전해야 할 선택받은 사람이라고 생각했습니다. 그의 빛나는 시절은 아직 남아 있다고 믿었습니다. 그러기에 나란 존재가 그에게 방해가 되지 않길 바랐습니다. 희망이 없는 사랑으로 그의 시간을 버리고 싶지 않았습니다.

그러나, 그러나······.

사랑 없이 살겠다는 그 다짐은, 얼마나 큰 오만이었던가요?

쓰디쓴 눈물을 삼킬 때 나는 알았어야 했습니다. 사랑 없는 삶은 고독한 밤에 죽음 속으로 가라앉는 일과 같다는 사실을. 사랑이야 말로 인생의 고독과 고통 속에서 우리를 건져낼 수 있는 유일한 희망이란 사실을. 사랑을 잃은 뒤 희망 없이 사는 인생은 가벼운 시련조차 견뎌내지 못한다는 것을.

그와 헤어진 지 2년이 지나면서, 나는 조금씩 죽어가고 있었습니다. 어떤 이들은 그저 내게 창백해졌다고 말했지요. 몇 날 며칠은 극심한 고통을 느끼기도 했습니다. 언젠가는 파리하고 수척해진 내 얼굴을 보면서 나는 아프게 울었습니다. 그를 더 이상 볼 수 없다는 게 서러워서, 우리의 사랑이 너무 아파서…….

어느 날, 폐결핵을 앓던 나는 풍진에 걸린 아이들을 돌보다 찾아온 가벼운 감염을 끝내 이겨내지 못했습니다. 어쩌면 내 남은 날을 거둬간 것은, 그 무엇도 아닌 사랑을 잃은 슬픔이었는지도 모르겠습니다.

그남자 이야기

저토록 아름다운 얼굴에 드리운 그늘은 무엇 때문일까?

늘 궁금했습니다. 코발트빛 깊은 바다를 담은 것 같은 눈동자, 매끄럽고 우아한 콧날, 미소를 지을 때면 더 매력적인 얇고 보드라운 입술을 가진 그녀가. 당대의 조각가가 그녀의 흉상을 만들 정도로 아름다웠는데도, 라이프치히에서 유명한 사업가 집안의 안주인으로 주변의 부러움을 받는 그녀가, 왜 그런 쓸쓸한 그늘을 갖고 있는지……. 어느새 그녀를 오래도록 바라보고 있었습니다.

그녀는 겉치레와 교만으로 치장한 상류층 사람들과 뿌리부터 달라 보였습니다. 신분의 높고 낮음과 상관없이 누구에게나 대하는 따뜻한 말씨는 아늑했고, 그림자가 내려앉기 시작한 저녁 무렵 풍경을 고즈넉하게 바라보는 표정은 한 폭의 그림처럼 아름다웠고, 아이들의 머리를 쓰다듬는 모습은 한없이 자애로워 보였습니다. 그런 그녀를 보며 상상했습니다. 그녀야말로 내가 그토록 꿈꾸던 고대 그리스에서 시간여행을 온 신화 속 여인일 거라고. 인생을 살아가는 우리가 가져야 할 따뜻한 인간애와 의무와 희생, 그 모든 것이 그녀 안에 담겨 있을지 모른다고.

그녀가 사람들 사이에서 떨어져 나와 내게 희미한 미소를 지어 보였을 때 감히 그녀와 난 비슷한 사람일지도 모른다고 생각했습니다. 이상향을 찾지 못한 채 이 세상을 외롭게 떠도는 영혼. 그녀에게 그렇게 빠져들기 시작했습니다.

나보다 한 살 많은 그녀는 이미 네 아이의 어머니였습니다. 그리고 나는 그녀의 아이를 가르치는 가정교사였죠. 그런 우리가 가까워진 건 남들과 잘 섞이지 못하는 우리 두 사람의 묘한 동질감 때문이었습니다. 그건 아마도 인생의 좌초를 경험한 사람들의 동지의식이기도 했을 겁니다.

그녀는 어린 나이에 자기 의지와 상관없이 이뤄진 결혼과 진심이 결여된 인간관계에 지쳐 생을 힘겹게 이어가고 있었습니다. 나 또한 생이 버겁게 느껴지는 건 마찬가지였습니다. 성직자를 꿈꾸던 나는 신학을 공부하다 시인의 길로 들어섰습니다. 시인이야말로 신과 인간 사이를 중재하는 성스러운 존재라고 믿었기 때문이지요.

가슴은 뜨겁고 이상은 드높았지만 현실 속 나 자신은 너무나 초라했습니다. 결국 나란 사람은 뭐라고 포장해도 내가 그토록 경멸하는 이곳 부르주아의 피고용인일 뿐이었습니다. 그들의 무례한 자만심과 학문과 교양에 대한 고의적인 멸시 그리고 부의 과시와 허세와 위선까지 말없이 견뎌야 하는, 생계를 위해 모욕을 참아내느라 생애의 중반기임에도 부쩍 늙어버린 문학청년, 그가 나였습니다.

그렇게 우리 두 사람은 현실에 지쳐 다른 세상을 동경하고 있었고, 마치 핏줄로 엮인 인연처럼 조금씩 서로를 알아보며 다가가고 있었습니다.

아이들에 둘러싸여 피아노 앞에 앉아 화사한 미소를 띠던 그녀가 떠오릅니다. 따뜻한 말씨로 불편한 건 없냐고 물어오던 낮고 평화로운 음성도 떠오릅니다. 우아하고 사랑스런 그녀의 모습은 하나의 숨결이었습니다. 그녀를 보고 있으면 다시 제대로 살고 싶어졌습니다. 그리고 부끄러워졌습니다. 무엇이 아름답고 무엇이 선한지를 알고 있다고 자부하던 내가 얼마나 어리석은지 그녀를 통해 깨닫게 됐으니까요. 나는 확신했습니다. 그녀야말로 내 영혼이 영원히 머물고 싶은, 또 머물게 될 단 하나의 존재라는 걸.

그녀는 내 시의 영감 그 자체였습니다. 그녀는 내가 그토록 찾던 그리스 전설 속의 아름다운 여인, '디오티마'였습니다. 그녀를 보고 있으면 그토록 어렵던 한 줄의 시가 너무나 쉽게 솟구쳐 떠올랐습니다.

어찌 이렇게 달라졌는가?
내 비탄하며 피해 온 많은 것들
친밀한 화음 가운데
이제 내 환희의 노래 울리도다.
또한 매시간의 울림마다 소년 시절의 평온한 나날을
경이롭게 되새기노라.
그대 한 여인 찾아낸 때로부터.*

그녀가 내 인생에 나타난 이후로 삶은 기다림의 다른 이름이 되었습니다. 그녀의 옷자락이 서걱거리는 소리가 들릴 때마다, 가벼운 눈인사를 하며 서로를 스쳐갈 때마다, 그녀의 분신인 어여쁜 아이들과 함께 초록 들판을 산책할 때마다 심장이 바쁘게 뛰었습니다. 나는 비로소 살아있다고 생각했습니다. 신이 내게 왜 그토록 험하고 지난한 시간을 준 것인지 비로소 이해할 수 있을 것 같았습니다.

순결한 구름 위를 걷듯, 꿈결 같은 시간들이 내게도 찾아왔습니다. 언젠가 피난을 구실 삼아 그녀와 그녀의 아이들을 데리고 카셀로 베스트팔렌으로 떠났던 3개월간의 여행이었습니다. 그곳 온천에서 우리는 아주 고요하게 지냈지요. 아무도, 그 무엇도 필요치

*횔덜린의 시 〈디오티마〉 중에서

않았습니다. 자애로 가득찬 눈빛으로 아이들을 바라보던 그녀, 굽이치는 머릿결을 춤추게 하는 따뜻한 미풍을 눈을 감고 느끼던 그녀, 들판을 걷다 뒤를 돌아보며 해사한 미소를 보여주던 그녀, 이상과 현실의 괴리에서 고통받던 내 지난날에 맑은 눈물을 보이던 그녀, 그녀야말로 내 마음의 평화였습니다. 내가 꿈꾸던 세상이었습니다.

그러나 진실로 행복한 순간들은 언제나 순간일 뿐인가 봅니다. 우리의 현실은 예상했듯 냉정했습니다. 그녀와 난, 서로의 관계를 비참한 시대에 나눈 성스러운 우정이라고 여겼지만 그것을 타인에게 이해시키는 일은 애초부터 불가능했습니다. 프랑크푸르트 항간에 우리의 소문이 돌았고 사람들은 수군거리기 시작했습니다. 문제는 결국 불거져 그녀의 남편 귀에까지 들어갔고 그는 역정을 내는 대신 차갑게 나를 비웃었습니다.

네 알량한 시가 그녀에게 아늑한 집과 따뜻한 빵을 제공할 수 있다면 내가 물러나지.

나는 그곳을 떠났습니다. 그것이 세상과 가족의 질타를 받는 그녀를 위한 길이라고 말했지만, 그녀를 모욕하는 것을 더 두고 볼 수 없다고 말했지만, 실은 그 모든 것은 핑계였습니다. 현실적으로 그녀가 나와 시작하기 위해 네 아이를 떠나는 것은 불가능했습니다. 그렇다고 그 책임을 떠맡기에는 나는 그의 말대로 경제적으로 무능한 남자였습니다. 우리의 관계는 가망이 없다고 여겼습니다. 나는 도망쳤습니다. 그리고 죄책감에 오래도록 신음했습니다.

한 줄의 시도 쓸 수 없었습니다. 심약한 신경은 점점 나를 더 괴롭혀 온 밤을 새우는 날이 많았습니다. 하지만 가장 괴로운 건 왜 살아야 하는지, 삶의 이유를 찾을 수가 없다는 것이었습니다.

처음으로 찾은 내 완벽한 이상향을 잃은 채 방황할 때 나를 붙잡은 건 역시 그녀였습니다. 다시 절망의 나락으로 떨어질 나를 걱정하며 그녀가 전해준 애틋한 편지들.

> 흔들리지 마세요, 당신은 신에게 소명을 부여받은 시인임을 잊지 마세요. 인생의 진수를 찾아야 할 의무가 당신께 있습니다. 이 시련조차 당신의 예술을 단련하기 위한 것이라 생각하고 견뎌주세요. 그리고 내가 언제나 열렬히, 온 마음으로 당신을 위해 기도한다는 것을 기억해주세요.

이 뜨겁고도 아름다운 진심이 아니었다면, 내가 그 시절을 견딜 수 있었을까요? 그러나 시간이 흐르면서 나는 유일한 기쁨이던 편지마저 마음대로 보낼 수가 없었습니다. 미래를 그릴 수 없는 우리의 관계는 날이 갈수록 잔인한 고문처럼 다가왔습니다. 그녀에 대한 그리움을 참지 못해 가슴을 쥐어 잡고는 그녀에게 부치지 못할 편지를 쓰는 날이 많아졌습니다.

차라리 나는 눈이 멀고 싶다고 생각합니다. 당신을 볼 수 없다면 그것이 낫겠다 싶은 거지요. 하지만 그럴수록, 그럴수록 더욱 당신의 모습이 눈앞에 선명해집니다. 우리 내면의 이 치열한 싸움은 언제까지 계속 되는지……. 이 영원한 갈등으로 인해 당신은 서서히 죽어가고 있는 것은 아닌가요? 내가 그러하듯이.
어떤 신도 우리의 이 싸움과 고통을 덜어줄 수 없다면 이제 우린 마지막 선택을 해야 한다고 생각하고 있습니다. 희망을 버리고 고별인사를 하는 것, 그것이 우리를 강하게 만들어줄지 모른다는 생각입니다.

실은 두려웠습니다. 내가 꿈꾸던 하나의 세계인 그녀를 언젠가 잃을지도 모른다는 것이. 그리고 억울했습니다. 눈앞에 그녀를 두고도 가질 수 없다는 것이. 선천적으로 지극히 예민한 데다 심약하던 나는 그 고통과 슬픔의 시간을 견뎌내기엔 너무나 무력했습니다. 주체할 수 없이 들끓는 슬픔은 시가 되었습니다.

> 빛살의 따스함도 한밤의 서늘함도 효험이 없다.
> 시냇물에 상처를 담그나 그 또한 헛된 일이다.
> 또한 대지가 기쁨에 찬 약초를 그에게 건네주나 헛된 것처럼
> 부드러운 바람결도 솟구치는 핏줄기를 막을 길이 없다.
> 그렇게 사랑하는 이들이여,
> 누구도 내 이마에서 슬픈 꿈을 거두어 갈 수 없단 말인가.*

내 이 괴로운 심정을, 끝내 이별을 생각하며 피신하려는 내 비겁함을 그녀가 결국 알았던 것일까요? 1년여 동안 오간 편지 끝에 어렵게 그녀를 만나오던 어느 날, 결국 이별의 편지를 받았습니다. 다시 절망의 구렁텅이에서 헤매는 나를 평온한 세계로 이끌고 싶었던 그녀가 먼저 헤어질 것을 제안했지요.

그때만 해도 실은 실감하지 못했습니다. 이별 후에 닥칠 시련들을. 보고 싶어도 볼 수 없고 만지고 싶어도 손을 뻗을 수 없는 그 지옥 같은 고통에서 탈출하고 싶은 마음뿐이었습니다. 어떻게든 이 시간이 지나가기를, 이 힘겨운 시간이 제발 끝나기만을 바라던

---

* 횔덜린의 시 〈비가, 디오티마를 향한 메논의 비탄〉 중에서

그때, 그래서 감히 이별을 생각하던 그때, 어리석게도 그녀 없는 삶을, 사랑 없는 삶을 이어나갈 수 있다고 믿었습니다.

그것이 얼마나 어리석었는지를 깨닫는 데 오랜 시간이 걸리지는 않았습니다. 2년이란 시간이 흐른 뒤, 나는 벼락처럼……, 그녀가 세상을 떠났다는 소식을 들었습니다.

언젠가 그녀는 내게 이런 편지를 쓴 적이 있었습니다.

우리가 서로를 위해 사라져야 한다면, 우리는 어떻게 될까요?

그 질문을 아프게 생각해야 했습니다. 그러나 참으로 교만했지요. 사랑하는 이를 두고 감히 이별을 생각했고, 말했고, 감행했습니다. 그녀를 위해 사는 삶은 오직 운명에 따라 작품에 전념하는 시인의 삶이라고 생각했습니다. 그것이 그녀를 위해서라고 그래서 떠날 수밖에 없었다고. 나는 그렇게 못난 변명을 하고 있었습니다.

그녀는 나를 필요로 했습니다. 단순히 육체적인 삶을 연장하기 위해서라도 내가 필요했던 겁니다. 이별을 얘기한 것은 그녀였지만 나는 그것을 알고 있었습니다. 그런데도 나는 그녀를 떠났습니다. 그리고 나로 인해, 나 때문에 그녀는……, 죽었습니다. 어떻게 내가 제정신으로 살아갈 수 있겠습니까?

그 벌로 나는 평생토록 뼛속 깊은 후회로 신음하며 남은 세월을 광기 속에 살았습니다. 인간의 모든 행동은 최후의 순간 그에 해당하는 벌을 받는 법. 사랑만이 우리를 살게 하는 유일한 힘이라는 걸, 사랑 없이 사느니 차라리 사랑의 제물이 되는 것이 나았으리라는 걸 몰랐던 죄인에게 나는 스스로를 유폐시키는 형벌을 내렸습니다. 작은 옥탑에 갇혀 고독 속에 칩거한 채 심장도 없는 그림자로 평생을 살았습니다. 그런 나를 어떤 이는 '광기의 시인'이라고 또 어떤 이는 '정신병자'라고 부르더군요. 그리고 하늘은 그런 나를 용서하지 않았습니다. 정신착란으로 신음하는 내게 의사는 기껏해야 3년을 더 살 수 있을 거라고 말했지요. 그러나 그 후로도 나는 40년이 넘는 긴 시간을 슬픔의 어둠 속에서 살았습니다.

누군가 내게 신이 너무 가혹하다고 말했습니다. 아니요, 그렇지 않습니다. 그 지독한 고독의 세월은 오히려 나란 인간에게 가벼운 형벌인지도 모릅니다.

나는, 사랑을 지키지 못한, 결코 용서받지 못할 죄인이니까요.

그 남자
요한 크리스티안 프리드리히 횔덜린
Johan Christian Friedrich Holderlin 1770~1847

'어둠을 어둠에 맡기고 / 두 손을 놓고 거꾸로 오르며 / 내리는 빗줄기를 / 거꾸로 그리며 두 손을 놓고 / 횔덜린을 읽으며 운다. / 나는 이제 아무것도 아니다. / 즐거워서 사는 것도 아니다.'

김지하 시인의 시 〈횔덜린〉에서 알 수 있듯 '횔덜린'이란 이름은 슬픔과 비극을 상징한다. 그 또한 이런 슬픈 생을 직감할 것일까? 그는 자신의 〈고향〉이란 시에서 자신의 운명을 이렇게 노래했다.

'지상의 자식인 나는 / 다만 사랑하기 위해 또 슬퍼하기 위해 / 이 세상에 태어났느니'

실제로 그의 인생은 외로움과 슬픔으로 점철되어 있다. 두 살 때, 수도원 관리인인 아버지를 잃었고, 어머니와 재혼한 의붓아버지마저 그가 아홉 살 때 세상을 떠났다. 교구목사의 딸이던 어머니는 그를 수도원 학교에 진학시켰다. 성직자 지망생들은 자유롭고도 폭넓은 교육을 받았는데 재능은 있지만 가난한 소년이던 그에게는 좋은 기회였다. 상급 수도원 학교로 진학한 뒤에 접한 실러를 비롯한 시인들의 작품은 그에게 큰 영향을 끼쳤고 이때부터 시를 쓰기 시작했다.

청년이 되어 튀빙겐 신학교에 입학한 뒤, 실러의 권유로 가정교사(근대 초기의 유럽에서는 귀족이나 부유한 시민 계급의 집에서 지식인들이 가정교사로 일하곤 했다.) 일을 시작했다. 횔덜린은 당시 가정교사란 직업에 크게 만족하지 못했지만 두 번째로 얻은 일터인 프랑크푸르트의 저명한 은행가 공타르Gontard가에 가정교사로 입주하면서 평생의 사랑 주제테를 만난다. 하지만 실연 후 그의 인생은 걷잡을 수 없도록 추락하기 시작한다. 사랑의 고통으로 시름할 때 종종 그를 괴롭히던 신경증은 주제테가 세상을 떠난 뒤 더욱 심해졌고 1806년엔 정신착란자로 진단되어 정신병원에 이송됐다. 이후 친구 에른스트 짐머의 집(오늘날 '횔덜린 트룸'이라 부름)에 머물며 40년이 넘는 세월을 광기와 어둠 속에서 보냈다. 그는 죽기 반년 전 딱 한 번 연인의 이름을 불렀다고 한다.

　시인으로서의 횔덜린 또한 불운했다. 그와 가까웠던 헤겔, 셸링 같은 철학자는 물론 그를 인정해주고 지지하던 괴테까지 당대에 인정받았던 것에 비해 그는 100년 가까이 잊힌 인물이었다. 그가 알려지기 시작한 건 20세기 초였다. 철학자 하이데거는 그를 '시인 중의 시인'으로 부르며 성스럽고 철학적인 단상이 가득한 그의 시를 소개했고, 릴케는 그를 자신들의 선구자라고 표현했다.

　대표작 〈디오티마에 대한 메논의 비탄〉, 〈빵과 포도주〉, 〈라인 강〉 같은 아름다운 시에서 보듯 인간과 자연과 신이 총체적으로 조화를 이룬 고대 그리스 세계를 이상으로 삼았던 그의 서정적인 문체와 폭넓은 주제는 훗날 많은 문인들을 매료시켰다.

　그토록 찾아 헤매던 이상적 사랑을 잃고 반생을 어둠 속에서 살아야했던 횔덜린. 그의 시 〈운명〉의 한 구절처럼, 그는 저 세상에서는 자유롭게 사랑하고 있을까?

　'폭풍 중 가장 성스런 폭풍 가운데 / 나의 감옥의 벽 허물어지거라. / 하여, 보다 찬란하고 자유롭게 내 영혼 미지의 나라로 가라!

그 여자
주제테 공타르
Susette Gontard 1769~1802

휠덜린의 작품 〈히페리온〉에 등장하는 고대 그리스 정신의 화신, '디오티마'의 모델이 바로 그녀다. 1793년 당대의 유명한 조각가 옴마하트Landolin Ohmacht가 만든 그녀의 대리석 흉상은 아직도 남아 있다.

그녀는 함부르크 상공업 고문관 하인리히 보르켄슈타인의 딸로 태어났다. 1786년, 열일곱 살에 6촌간이자 다섯 살 연상인 프랑크푸르트의 은행가 야콥 프리드리히와 결혼, 네 아이를 출산했다.

1796년, 막내 앙리의 가정교사로 온 시인 휠덜린을 만나면서 그녀의 평범하던 인생은 바뀌기 시작한다. 섬세한 감수성은 다시 살아나기 시작했고, 인생에 대한 고민 또한 절실해졌다. 이후로 그녀의 남편과 다툼이 일어나기 전까지 휠덜린과 순수한 문학적 열정과 교감하며 사랑을 나눈다.

1798년, 휠덜린이 집을 떠난 후 1800년 5월까지 그와 편지를 주고받으며 사랑을 이어갔으나 2년 뒤, 사랑의 상실 때문이었을까? 휠덜린의 이상이던 그녀 디오티마는, 아이들을 돌보다 걸린 가벼운 감염을 끝내 이겨내지 못하고 스러졌다.

그녀에게 열렬히 빠져 있지 않았던 남편은 그녀와 휠덜린의 마지막 만남을 도와주었다. 그 대신 휠덜린에게 그녀에 대해서 더 이상 언급하지 말 것을 약속받았다.

그녀의 장례식 때 그녀의 남편은 없었다. 몇 시간 후 여행을 떠났던 남편은 얼마 지나지 않아 결혼했다.

우리 헤어지려고 했던가?
그것이 좋다고 말했던가?
아하! 우리는 우리 자신을 너무도 모르니.

– 횔덜린의 시 〈이별〉중에서

그여자이야기

도대체 너는 언제 네 자신이 될 거냐?

 어머니께서 자주 한숨을 쉬며 하시던 그 말씀이 이제야 비로소 가슴을 파고듭니다. 그 질문의 깊은 뜻을 예전에 헤아릴 수 있었다면 얼마나 좋았을까요? 그랬더라면 내 인생에 폭풍처럼 휘몰아친 많은 비극을 조금이나마 피해갈 수 있지 않았을까요?

모든 것이 나를 그대에게 인도합니다

내가 누구인지, 무엇을 하며 살아야 하는지, 인생의 가치를 어디다 두어야 하는 것인지, 참다운 삶은 무엇인지, 그 어떤 고민도 할 줄 몰랐던 철없던 시절, 그때는 알지 못했습니다. 그 무심한 시간들이 가져올 엄청난 불행을. 그리고 잘못 살아온 내 삶이 사랑하는 사람의 인생 또한 처참한 비극 속으로 몰아갈 수 있다는 사실을.

처절하리만큼 힘겨운 고통의 시간에서 한 가지 다행인 것은 그 고통의 대가로 나 자신이 누구인지를, 내가 사랑하고 나를 사랑하는 이가 누구인지를 알 수 있었다는 것입니다

그렇더라도, 미안합니다. 그대에게 미안하고 미안하고 또 미안

앙투아네트와
페르센

프라고나르 〈훔친 입맞춤〉 중에서

합니다. 하필 그대에게 반했던 내 마음도, 그 마음을 어쩌지 못해 천 개의 눈을 가진 궁정에서 붉어진 얼굴과 꿈꾸는 눈으로 그대를 바라보았던 것도. 그리하여 그대를 고통의 소용돌이 속에 몰아넣은 그 모든 시간들도 말입니다.

그대를 처음 만난 게 벌써 이십년 전 얘기인가요? 오스트리아의 공주에서 프랑스의 왕세자비가 된 지 겨우 몇 년이 흐른 그때, 그 시절의 나는 참으로 대책 없는 열여덟의 청춘이었지요. 워낙 답답한 것을 싫어하는 자유로운 성격인데다 망아지처럼 거침없고 반항적인 성격을 가졌던 나는 낯선 프랑스의 궁정 생활에 적응하기가 어려웠습니다. 오로지 위엄만을 위해 살고 있는 것 같은 궁정 사람들은 답답했고, 어린 나이에 왕세자로서 갖추어야 할 수많은 덕목도 어깨를 짓누르는 듯했지요. 내 손가락 하나에도, 가벼운 고개의 끄덕임에도 갖가지 의미를 부여하는 그들에게서 늘 도망치고 싶었습니다. 그렇기 때문에 가면무도회는 나를 유혹할 만한 모든 조건을 가진 즐거운 탈출구였습니다. 벨벳 가면에 신분을 숨긴 채 무도회장을 거닐고 있노라면 마치 꽁꽁 묶여 있던 날개가 자유로워져 공중을 떠다니는 느낌이었으니까요.

무엇이 나를 그토록 들뜨게 만들었던 걸까요? 지금 와서 생각해

보면 그것은 어떤 열망이었습니다. 그대도 아시다시피 나와는 정반대의 성향을 가진 남편은 좀처럼 나란 여인을 돌아봐주지 못했지요. 남성으로서의 신체적 결함으로 여성에게 무심했고, 그것이 궁정에 여러 가지 뜬소문들을 만들어냈습니다. 사랑의 순간까지도 국가적인 행위로 바뀌는 이 궁정에서 소녀에서 여자로 피어나던 시절, 여인으로 사랑받지 못했기에 나는 다른 것으로 인정받고 싶었던 것도 같습니다. 아름다운 청년과 사람들에게 '이래도 나를 돌아보지 않을 테냐' 하는 오만한 감정으로 다가간 것은 실은 그들의 다정하고 따뜻한 숨결이 그립기 때문이었습니다.

그 어리석은 감정으로 가득 찬 내 시선에 그대가 들어왔습니다. 가면으로 얼굴을 가렸지만, 과장된 몸짓과 차림으로 어떻게든 자신의 아름다움을 뽐내려는 사람들 사이에서 그대는 유독 눈에 띄었지요. 한쪽 벽에 기대어 선 채로 가장무도회를 신기한 듯 구경하는 그대에겐 화려함보다 순수함이 돋보였습니다. 단단한 체격에선 오만함이 아닌 자기 자신에 대한 건강한 자부심이 묻어났습니다. 그대의 몸짓은 차분하면서 기품이 있었지요. 호기심을 억누를 줄 모르던 난 참지 못하고 주저 없이 그대 곁으로 갔습니다. 그때 내가 그대에게 다가서지 않았더라면 우리의 인생은, 아니 적어도 그대의 인생은 달라지지 않았을까요? 참으로 가슴이 미어질 뿐입니다.

벨벳 가면에 얼굴은 숨겼지만 그대를 향한 뜨거운 호감은 감히 감출 수가 없었습니다. 그래서 그날 나는 그대에게 찬사를 참으로 많이도 쏟아냈지요. 그리고 가면을 벗고 내 신분을 밝힌 후에도, 그대를 알고 싶은 마음을 과감히 드러냈습니다. 궁중 무도회에 몇 번이나 그대를 초대했고, 기다렸습니다. 그대는 내 호의에 들뜨지도 않았지만, 그렇다고 상대가 무안할 정도로 무심하지도 않았고, 예의와 배려를 갖춘 태도로 나를 대했습니다. 꾸밈없는 솔직함과 어딘지 모를 우직함도 좋았습니다. 나와는 달리 나이답지 않은 진중함도 존경스러웠지요.

그런데 그렇게 호기심이 호감으로, 호감이 애정으로 변해가던 시간, 뜻밖의 사건이 일어났습니다. 국왕 폐하(루이 15세)가 갑작스레 서거하면서 나의 남편은 프랑스의 왕(루이 16세)이, 나는 하루아침에 왕비가 된 것이지요. 그런데 그때 어떤 이유인지는 모르겠지만 그대가 훌쩍 떠나버렸습니다.

이미 누군가의 아내로 살아가야 하는 내게, 그것도 왕비인 나의 연애 상대가 되기에 그대는 아까운 사람이라고 생각했지만 참으로 서운하고 안타까웠지요. 그렇기 때문에 4년 뒤, 그대가 프랑스에 돌아왔을 때, 감정을 더 이상 억누르지 못했습니다.

점점 더 그대가 궁금했습니다. 스웨덴의 고향에서 입고 있던 제

복은 어떤 것인지, 자유로운 시간엔 어떤 모습으로 어떤 일들을 하는지, 어떤 만남과 어떤 경험으로 살아왔는지 그리고 나에 대한 진심은 무엇인지 알고 싶었습니다. 그리고 상상했지요. 왕비가 아닌 평범한 사람으로 만나 그대와 함께 하는 미래를…….

그렇게 마음이 깊어질 때 그대는 다시 한 번 내 곁을 떠나갔습니다. 속 깊은 그대가 일찌감치 사랑의 위험을 간파하고 나를 지키려고 한 것이었음을 압니다. 그때, 눈에 가득 차오른 눈물 때문에 아른거리던 그대의 모습은 아직도 제 기억 속에 선명하네요.

보고 싶은데 보지 못하고, 함께 하고 싶은데 그렇지 못할 때 사랑의 열망은 더욱 커져만 갑니다. 변명처럼 말하자면 그 시간에, 그래서 더욱 나를 사로잡을 또 다른 것들을 찾아 헤맸는지도 모르겠습니다. 열망을 해소하고 싶은 보상심리였던 거지요.

내 드레스는 도를 넘어 설 정도로 화려해졌고, 값비싼 보석에 홀리는 날도, 파티에서 밤을 새는 날도 갈수록 많아졌지요. 사치와 향락에 휩싸여 살던 그 시절, 귀족과 백성들이 나를 프랑스 재정을 좀 먹는 '적자 부인'이라고 비난해도, 그저 나는 이곳 사람들이 왕과 왕비마저 조롱의 대상으로 생각한다며 대범한 척 웃어넘기고 말았습니다. 운명의 수레바퀴가 나를 기어이 밑바닥까지 떨어뜨릴 때까지 알지 못했습니다. 태어날 때부터 내게 주어진 이 많은 것에는 책임이 뒤따른다는 점을 말입니다.

아, 나는 왜 그때 굶주림과 가난에 시달리는 백성들의 거대한 신음소리를 듣지 못했던 것일까요? 그 신음소리가 비명이 되어, 천지를 흔들고 궁정을 위협하고 나서야 비로소 내 인생에 폭풍이 휘몰아치고 있다는 것을 알아챘으니 나란 사람은 얼마나 어리석은지요.

그때 처음 비로소 나는 똑바로 서기 시작했습니다. 당연하게 주어진 줄 알았던 부와 명예와 신뢰라는 것은 결국 내 자신을 알고 지켜갈 때만 가질 수 있는 것이라는 걸 뒤늦게 깨닫기 시작한 것이지요.

무능한 왕 대신 사치와 향락에 빠진 왕비에게 원망과 설움을 토해 낸 백성들을 미워하진 않습니다. 걷잡을 수 없는 이 태풍 앞에서 다만 나는 고통받는 백성들과 나를 볼모로 자신의 이익을 챙기며 나와 왕실에게 모든 죄를 덮어씌우려는 귀족과 국민의회, 그 수많은 도당들을 증오할 뿐 그리고 그들 앞에 그저 당당하고 싶을 뿐입니다.

인생이란 참, 알 수 없는 일입니다. 고통의 바다에 빠지고부터야 세상이 보이기 시작했으니까요. 화려하던 시절이 지나자 '친구'란 이름으로 함께 한 수많은 이들이 떠나갔고, 나를 비방했고 모욕했습니다. 그렇게 모든 이들이 나를 손가락질할 때, 살얼음판처럼 위험한 내 곁에, 왕비의 애인이라는 소문 하나만으로 목숨을 내거는 것과 마찬가지인 무시무시한 파리에 그대는 그 어느 때보다 용감하게 와 주었습니다. 내가 세상에서 많은 이들에게 신처럼 동경과 찬사를 받던 그 시간에 사랑을 위해 나의 총애를 피하던 그대는 내 가장 고독한 순간에 다시 사랑하겠다고 나섰습니다.

그대가 나를 위해 애쓴 그 많은 시간을 고스란히 기억합니다. 왕실을 대신해 어떻게든 우리를 구해보겠다고 외국에 편지를 보낸 것도, 혁명군이 궁에 진입하려고 할 때 사력을 다해 도주 계획을 짰던 것도 그대였지요.

살려보고자 하는 그대의 애타는 노력과 상관없이 나는 어두운 철탑에 갇혀 이제 남편을 따라갈 그날을 기다리고 있습니다. 뼈아프게 안타까운 것은 그런 나를 생각하느라 그대가 얼마나 아파할까 하는 것입니다. 그대여, 나는 괜찮습니다.

내가 겪은 수많은 고통과 수천, 수만 명이 나를 경멸과 모욕의 눈길로 바라보던 그 순간들에 비하면, 끔찍한 피를 수없이 보아야 했던 그 악몽 같은 시간에 비하면, 자연의 이름을 모욕하고 내 아들과 나를 근친상간으로 엮은 사람들로 인해 영혼에 깊이 상처 받던 순간에 비하면, 그 길고 길었던 지난 몇 년에 비하면 죽음은 얼마나 쉬운 것입니까?

그런데도 죽음보다는 삶을 택해야 한다고 생각했습니다. 그래서 그대의 수많은 노력에 부응하려 살려고, 용기를 잃지 않으려고 했습니다. 의연하게 이 위기를 극복하고 싶었습니다. 그러나 내 깨달음은 너무 늦은 것이겠지요. 그렇더라도 그대여, 안타까워 마세요. 그대만 괜찮다면 나는 괜찮습니다.

불행 가운데서만 인간은 자신이 어떤 사람인지를 비로소 깨닫게 되는 법. 최고의 자리에 있던 나는 맨 밑바닥의 나락으로 떨어지며 다시 태어나고 있습니다. 인생의 깊은 의미를 깨닫지 못한 채 훗날 하찮은 인생을 살다간 왕비로 기억되는 것보다 이것이 낫지 않겠습니까? 또 비로소 사랑의 참가치를 깨달은 나는 죽음 앞에서 더 열정적으로 피어난 내 사랑을 이렇게 열렬히 그대에게 전할 수 있으니 그것으로 됐습니다.

그러니 아파하지 마십시오. 그리고 이제 이 불행과 고통의 순간에 나는 어머니가 그토록 걱정하시던 그 질문에 마침내 대답하려 합니다.

나는 외스터라이히 로트링겐가의 마리 앙투아네트, 프랑스 국왕의 미망인입니다. 나는 평생을 통해 오직 한 남자, 한스 악셀 폰 페르센을 사랑했습니다. 그것이 나입니다.

신은 내게 많은 것을 선물했다가 너무나 고통스럽게 그 모든 것을 앗아 갔습니다. 그러나 당신만은, 내 사랑만은 그 누구도 빼앗지 못할 것입니다. 부디 그대가 너무 고통스럽지 않기를 바랍니다. 죽음을 앞에 두고 가장 떨쳐버릴 수 없는 괴로움은 바로 그것입니다. 사랑하는 사람이 나 때문에 고통받는 것……

그대에게 바라는 것이 단 하나 있다면, 최후의 순간까지 오직 그대를 생각했다는 것만은 잊지 말아달라는 것입니다.

그대와 함께 걷던 트리아농의 산책길이 떠오릅니다. 20년을 사랑하고도 우리는 오롯이 둘인 적이 별로 없었지요. 하지만 그때만은 우리 둘이었습니다. 밤새 걷다 나무 그늘의 정원 사이로 서서히 새벽의 햇살이 쏟아지던 그 순간, 그대는 내 손을 잡아주었지요. 그리고 그대가 늘 끼고 있던 그대 가문의 반지를 내게 끼워줬습니다.

지금, 나는 그대가 내게 준 반지를 보고 있습니다. 그리고 내 손에 끼워져 있는 이 반지에 새겨진 글귀를 나의 마지막 유언으로 그대에게 전합니다.

모든 것이 나를 그대에게 인도합니다.

그남자 이야기

뼈아픈 후회와 함께 나는 부질없는 생을 이어가고 있습니다. 내 사랑이 당신의 얼마 남지 않은 생을 재촉했다는 죄책감과 고통의 시간에 그대를 홀로 남겨뒀다는 내 무능력에 진저리를 치며 나는 살아도 사는 것이 아닌 생을 살고 있습니다. 왜 나는 당신의 죽음을 막을 수 없었더란 말입니까?

그때 내가 아름다운 그대의 자태에 반하지 않았더라면, 거침없고 솔직한 언변과 깨알같이 피어나던 구김살 없는 미소에 나를 내주지 않았더라면 어쩌면, 어쩌면 당신은 지금 어딘가에서, 그곳이 비록 육중한 철문이 굳게 닫힌 감옥이라 할지라도 살아가고 있을지 모릅니다. 그곳에서 다시 또 하루를, 다시 이어갈 삶의 기회를 얻었을지도 모릅니다. 이 끝없는 자책에 내 하루는 수십 년처럼 길고 천 근처럼 무겁기만 합니다.

그러나 그 시절로 다시 돌아간다 해도 나는 당신을 사랑할 수밖에 없었을 겁니다. 세상 만물을 빨아들일 것 같은 청순한 눈동자에 그 누가 반하지 않을 수 있었겠습니까? 한없이 당신에게 빠져들던 그때, 당신이 왕비라는 것을 알게 되던 그 순간, 믿을 수 없었습니다. 오로지 위엄과 권위를 내세우던 왕실 사람들과 달리 당신은 새털처럼 가벼운 자유를 동경했고, 격의 없는 우정을 그리워하며 사람들을 조건 없이 사랑하는 여인이었으니까요.

그런 당신이 나에게 호감을 과감하게 드러내 보일 때 누군가 내게 조언했습니다. 그녀를 조금이라도 위한다면 하루 빨리 이 자리를 떠나라고. 그렇지 않으면 사소한 생활, 사사로운 감정 하나가 국가적 의미로 바뀌는 왕실의 주인인 당신에게 수많은 눈들이 화살이 되어 박힐 거라고. 그 말에 더는 당신 곁에 머물기가 힘이 들었습니다. 열여덟, 나의 첫사랑이던 당신과의 첫 번째 이별은 그렇게 찾아왔습니다.

4년을 당신 곁을 떠나 있었습니다. 그러나 아버지의 명으로 파리로 갈 기회를 얻었을 때 그마저도 거부할 용기가 내겐 없었습니다. 그러기에 나는 너무 젊었고, 당신이란 여인은 첫사랑의 열병으로 기억하기엔 참으로 매력적인 존재였습니다. 그리고 헤어진 그 시간 동안, 우리 두 사람에 대한 소문이 잠잠해져 있을 거란 기대가 나를 당신께 이끌었습니다.

애써 당신을 떠나있던 그 시간 동안, 스스로에게 수없이 물었습니다. 당신은 한번이라도 나를 생각했을까? 이제 파리로 돌아와

궁으로 들어가면 나를 알아보는 눈이 하나라도 있을까? 궁에 다시 첫발을 들여놓던 그 순간, 마치 그 질문에 답하듯 당신은 그 누구보다 나를 가장 먼저 알아봐주었지요. 그때 내게 하염없이 머물던 당신의 아름다운 시선은 참으로 감동이었습니다.

세상에 숨길 수 없는 것이 단 하나 있다면 그것은 바로 사랑일 것입니다. 당신이 나를 향한 호감과 애정을 끔찍한 총애로 보여주었듯 나 또한 당신에 대한 연모의 감정을 감출 수가 없었습니다. 언젠가 당신이 오페라를 보다가 "아, 당신을 궁정에서 맞아들였을 때 나는 얼마나 용기가 생겼는지 모릅니다." 라는 대목에서 나를 꿈꾸듯 부드러운 눈으로 바라보던 그 순간을 아직도 기억합니다. 그러나 우리에게 아름다운 교감은 말하기 좋아하는 궁정에선 위험한 스캔들일 뿐이었지요. 이것이 얼마나 당신에게 큰 타격이 될는지 짐작하고도 남았습니다. 그대로 머물 수가 없었습니다. 지금의 플라토닉한 우정도 이렇게 비난의 대상이 되는데, 피가 뜨거운 스물두 살의 청춘들을 희롱하고 비방하기는 얼마나 쉬운 일이겠습니까?

사랑한다는 것은 책임지는 일과 다르지 않다고 배우며 자랐습니다. 사랑한다는 뜻에는 상대를 지켜주는 일 또한 포함하고 있다고 믿고 살았습니다. 그렇기 때문에 당신을 위해 또 다시 이별을 선택할 수밖에 없었습니다. 망명길에 당신은 눈물 가득한 눈으로 나를 바라봤지요. 그 눈물에 가슴이 무너졌지만 한편으로 기뻤습니다. 눈물은 다름 아닌 당신의 진심이었으니까요.

그렇게 미국으로 떠나 수천 킬로를 떨어져 4년이란 시간을 지냈습니다. 그 시간은 서로에 대한 그리움과 애정을 확인하는 고통스런 시간이었습니다. 떨어져 있기 때문에 서로에 대한 감정이 옅어질 거라고 생각한 사람들의 예상은 빗나가고 말았지요. 이루어질 수 없는 사랑에 대한 갈망으로 당신께 더욱 빠져들었고, 주변의 날카로운 시선과 방해는 내 사랑을 더욱 견고하게 만들었습니다.

스물아홉 살이 되던 해, 마지막으로 프랑스에 돌아왔습니다. 몇 통의 편지 속에 담긴 당신의 바람을 더 외면하는 것은 남자로서 할 일이 아니란 생각 때문이었습니다. 그때 나는 절대로 결혼이라는 속박에 나를 내맡기지 않기로 결심했습니다. 나 스스로 당신에게 속하고 싶었습니다. 하지만 그럴 수는 없는 처지였지요. 그것은 당신도 마찬가지일 거라고 여겼습니다. 당신 역시 내가 다른 사람에게 속하는 것을 원하지 않을 거라 믿었습니다. 그것이 내가 택한 사랑에 대한 당연한 의리였습니다.

시간이 지날수록 단단해진 우리 사랑과는 달리 그즈음 당신은 부쩍 수척해지고 있었습니다. 실은 그 몇 년은 당신에게 악몽 같은 시간이었지요. 프랑스 백성의 불만은 종기처럼 곪아 있다가 터져 버리고 말았습니다. 세상의 찬사를 받던 당신은 거친 시대의 민중이 원망을 쏟아 내기에 좋은 대상이었습니다. 당신은 아름다웠고, 화려했고, 슬픔을 모르는 듯 늘 생기 넘쳤으며, 질투를 부를 만큼 사랑스러웠으니까요. 많은 것을 갖지 못한 자는 많은 것을 가진 자에게 당연히 이런 질문을 하게 마련입니다. "당신은 왜 그리도 많은 것을 가져야 하는가?" 결국 가난과 시름에 지친 백성은 당신에게 원망을 쏟아내는 것으로 그 답을 풀었던 것이지요.

시대의 흐름을 읽지 못한 순진함 때문이라고 하더라도, 많은 것을 가진 자가 가져야 할 책임과 의무를 다 하지 못한 잘못이라 하더라도 아, 이 시대는 당신에게 얼마나 잔인했던가요. 돌아볼 틈도 주지 않은 채 당신을 몰아치고 또 몰아쳤습니다. 수백 칸의 화려한 궁정에서 어둡고 처참한 감옥으로, 온 세상의 은총에서 증오로, 왕좌에서 단두대로, 너무나 가혹하게 밑바닥으로 당신을 내몰았습니다.

그 처절하고 고통스런 시간 동안 당신의 발랄하고 생기 넘치는 눈동자는 점점 고독하고 쓸쓸해졌습니다. 그러나 그 시간 동안에도 당신, 참으로 아름다웠다는 것을 알고 계십니까?

당신은 그 모든 것을 불운한 시대의 탓으로 돌리고 나약한 모습으로 울지 않았습니다. 내 곁에서 한숨을 토해내듯 운 적은 있어도 어이없는 비방과 모략으로 왕실을 무너뜨리려는 자들 앞에서 단 한 번도 의연하지 않은 적이 없었지요. 자신을 마녀사냥의 대상으로 삼았다며 무지한 백성에게 원망을 쏟아내지도 않았습니다. 그 대신 당신이 있어야 할 자리와 해야 할 일들과 남겨진 시간을 고민했지요. 고통 속에 피폐해져가는 대신, 참다운 인간으로 성장하는 길을 택했고, 왕비로서 성숙해갔습니다.

그리고 내게 더할 수 없는 사랑을 고백했습니다. 죽음을 앞에 둔 당신의 뜨거운 눈물 속에 흐르던 몇 마디 말보다 더 아름다운 사랑의 말을 나는 알지 못합니다. 당신은 마지막까지 그 무서운 고통 속에서, 두려운 죽음 앞에서도 나를 위해 헌신했습니다. 당신의 고통보다 내 고통을 걱정했습니다. 쓰디쓴 눈물을 흘리며 당신이 전한 "나는 괜찮습니다."라는 편지, 그것은 내게 "죽을힘을 다해 당신을 사랑하고 있습니다."라는 뜻과 다르지 않았습니다.

그런데도, 그런 당신이었는데도 이 못난 인간은 당신의 죽음을 더욱 재촉하고 말았습니다. 당신이 불행해질수록, 수많은 사람이 당신을 떠나갈수록, 나는 그것을 내 힘으로 어떻게든 보상해주고 싶었습니다. 그럴 수 있을 거라 믿었습니다. 다시 당신의 왕국을 건설해주고 싶었습니다. 수많은 환멸을 겪은 당신에게 마지막 행복을 주고 싶었습니다. 다시 당신이 살 수 있는 길을 찾을 수만 있다면 내 영혼을 악마에게라도 팔고 싶었습니다. 그 마지막 방법으로 동맹국들의 선전포고를 이끌어 내 당신과 왕실을 위협하는 혁명군을 진압할 무모한 계획을 세웠습니다.

나는 강력한 선전포고 문안을 직접 작성했습니다. 하지만 결국 이것은 더 큰 불씨가 되어 우리의 적들을 흥분시켰고, 2000만 프랑스 백성에게 돌이킬 수 없는 분노를 불러일으켰고, 당신을 육중한 철문의 첨탑에 갇히게 하고 말았지요. 당신을 살리려는 내 의도와 상관없이 내 사랑의 몸부림은 그렇게 당신에게 독화살이 되고 말았습니다. 그 이후 나는 미치도록 뛰어다녔습니다. 당신의 고향이자 핏줄인 오스트리아 황제와 대사들에게 눈물로 호소하는가 하면 다시 주변의 모든 동맹국들에 원조를 청하고 온갖 사람들을 만났지만, 그 모든 게 허사였습니다. 이 거대한 운명 앞에 인간의 노력이란 얼마나 하찮은 것이던가요?

그날, 당신이 떠났다는 소식을 듣던 그날, 우리가 함께 한 날들을 떠올렸습니다. 20년 동안 서로 사모했지만, 늘 조심스러워야만 했던 사랑은 오롯이 함께인 날들을 단 며칠도 허락하지 않았지요. 우리가 서른넷이 되던 해였던가요? 밤과 아침 사이에 정원의 나무 그늘 속에서, 베르사유 숲속에서부터 트리아농의 굽이 길을 함께 걷던 그 시간이 꿈결처럼 펼쳐집니다. 그러나 그것은 다시 악몽으로 변해 버립니다. 행복했던 만큼 당신을 지키지 못한 죄로, 아니 당신의 남은 시간마저 빼앗아버린 죄로 그 아름다운 시간은 독이 되어 내 심장을 옥죄어 옵니다.

나를 가득 채웠던 대상, 내게 모든 것을 의미하던 당신은 어디로 가신 겁니까? 나는 아직도 당신의 그림자를 붙잡은 채 놓지 못하고 있습니다.

죽음 앞에서까지 당신은 나를 위해 헌신했습니다. 마지막 순간까지 당신의 심장은 나를 향해 뛰고 있다는 것을 보여줬습니다.

그리하여 18년 동안 나는 오직 한 가지 꿈만을 꾸었습니다. 당신과 똑같은 죽음을 맞는 날이 오기를 기다린 것입니다. 왕의 명령에 따라 당신의 손을 놓던 그날, 궁정에서 당신을 탈출시키지 못한 그날, 그날로 되돌아가기를 얼마나 꿈꿔왔는지 모릅니다. 바로 그 날에 신께서 나를 데려가기를 바라고 또 바라왔습니다. 그리고 신은, 당신에게 너무나 잔인했던 매정한 신은, 내 마지막 소원을 들어주려나 봅니다.

오랜 시간, 나는 민중을 증오했습니다. 당신을 처절하게 몰락시

킨 파리의 민중이 그랬듯 이곳 스웨덴 민중 또한 증오했습니다. 그건 그들 또한 마찬가지였지요. 그리고 어느 날부터, 내가 프랑스에 복수하기 위해 스웨덴 왕이 되려 한다는 소문이 삽시간에 나라 안에 퍼지더니, 갑자기 왕위 계승자가 세상을 떠났습니다. 많은 이들이 내가 왕을 암살했다고 믿었습니다. 그러나 나는 내 무죄를 증명할 필요도 느끼지 못합니다. 내가 원하는 것은 오로지 한 가지기 때문입니다.

내가 바라는 대로, 내 최후는 당신의 마지막 가는 길과 같을 것입니다. 당신 없는 삶을 사느니 처참한 최후를 맞으리라, 나는 생각하고 있습니다.

바보 같은 사람이라고 원망해도 좋습니다. 그것은 결코 아름다운 사랑의 완성이 아니라고 해도 좋습니다. 내 삶은 이미 길을 잃었고, 마지막 죽음으로 당신께 헌신할 그 길을 나는 찾고 있습니다. 그리고 믿습니다.

당신에게 그러했듯 이 모든 것이 나를 당신께 인도할 것이라는 사실을······.

그 여자
마리 앙투아네트
Marie Antoinette 1755~1793

앙투아네트는 당시 유럽에서 가장 강력한 군주인 오스트리아 여제 마리아 테레지아의 막내딸이었다. 열네 살에 정략 결혼으로 프랑스의 왕세자인 루이 오귀스트와 결혼, 4년 뒤 루이 15세가 죽은 뒤 왕비가 되었다.

어린아이일 때 궁정을 집으로 선물받았고, 성년이 채 되기도 전에 왕관을 쓴 그녀는 어린 나이에 부와 명예를 무더기로 얻었다. 그녀에게 시련은 남의 이름이었고, 손만 뻗으면 원하는 것을 가질 수 있었기에 고통으로 시름하는 백성을 돌아볼 눈도, 이해할 가슴도 가지지 못했다. 그러나 너무나 쉽게 행복의 절정을 선물한 신은 그녀에게서 무서운 속도로 많은 것을 빼앗았다.

가난과 핍박에 시달리던 프랑스 백성의 불만은 무능한 왕 대신 사치를 일삼던 왕비를 향해 터져 나왔고, 그녀를 궁정 최고의 자리에서 밑바닥의 처참한 감옥으로 몰아세웠다. 1789년 프랑스 혁명을 시작으로 그녀에게 몰아친 가혹한 운명은 결국 그녀의 남편과 그녀 자신을 단두대에 서게 했다. 나라를 다스리는 사람과 그 측근의 무능과 무지는 오랫동안 백성을 괴롭히는 화살이 됐고 결국 그 화살은 위정자에게 되돌아왔다.

비록 한때의 과오로 엄청난 불행을 겪어야 했지만 마지막 불행 앞에서 그녀는 살고자 하는 비굴한 모습 대신 의연하고 대범한 모습을 보이며 왕실의 권위를 지키려고 애썼다. 그러나 오늘날 그녀가 많은 이에게 기억되는 이유는 왕비로서의 명예보다 한 여인으로서 자신의 감정을 자유롭게 따라가고 그 사랑에 헌신했기 때문일지도 모른다.

그 남자
한스 악셀 폰 페르센
Hans Axel von Fersen 1755~1810

페르센은 스웨덴 귀족의 후손이다. 열다섯 살 때 가정교사와 함께 세계인이 되기 위해 독일, 이탈리아로 3년간의 여행을 떠났다가 파리로 입성, 앙투아네트를 만나게 된다. 단단한 체격과 수수하면서도 아름다운 얼굴을 가진 그는 사람들의 칭송을 받았다. 1774년, 파리에 머물던 스웨덴 대사는 구스타프 왕에게 그에 관해 이런 보고를 올리기도 했다. "소신이 아는 한, 여기 머물렀던 많은 스웨덴 사람 가운데서 이 사람이야말로 가장 뛰어나다고 인정받을 사람이라 생각합니다."

그러나 앙투아네트가 죽은 뒤 페르센은 심장이 없는 차가운 남자로 변해버렸다. 그는 세계가 불의로 가득 찼다고 믿었다. 그녀가 없는 삶은 그에게 무의미했고, 고통은 계속 됐다. 몇 년 뒤 그녀가 죽은 날짜이기도 한 10월 16일 일기에는 이런 내용이 적혀 있었다. "나의 비통한 마음은 내 목숨이 다하는 날까지 계속 될 것이다."

그에게 10월 16일이란 날짜만큼이나 죄책감을 느끼는 날이 또 있었다. 그것은 바로 6월 20일. 프랑스 혁명군에게 쫓겨 처음으로 궁정을 버리고 바렌으로 도주하던 그날, 왕비를 돕던 페르센은 루이 16세의 명령에 따라 끝까지 그 길을 함께 하지 못했다. 이후 왕비의 운명은 가파르게 몰락의 길을 걸었다. 그는 이날을 그녀를 지키지 못한 한스러운 날로 기억했다. 그리고 18년이 지난 바로 그날, 그토록 기다리던 죽음을 맞는다.

1810년 6월 스웨덴의 왕위 계승자가 갑자기 세상을 떠났고, 그 죽음의 배경에 페르센이 있다는 무서운 소문이 삽시간에 퍼졌다. 그가 왕을 독약으로 암살했다는 내용이었다.

 그의 마지막은 그녀의 마지막과 같았다. 18년 전 그때처럼 그의 마차 역시 성난 폭도들에게 순식간에 휩싸였다. 그들은 이미 고통과 죄책감으로 머리가 세어버린 백발의 남자를 마차에서 끌어냈다. 그날, 앙투아네트의 최후의 기사 페르센은 스톡홀름 시내 한복판에서 처참한 시체로 발견됐다.

모딜리아니와 잔 에뷔테른

2부
차마, 닿을 수 없는…

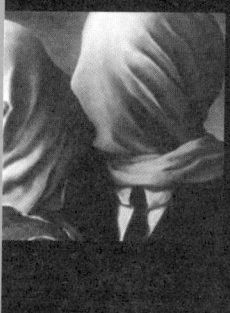

브람스와 클라라 슈만
마릴린 먼로와 조 디마지오
캐서린 헵번과 스펜서 트레이시

그대의
등 뒤에서

그 여자 이야기

피아노 연주를 해줄 수 있겠니? 그래, 그 사람 곡으로. 오늘따라 더욱 듣고 싶구나, 잠들기 전에, 마지막으로.

그러니까 40년 전이었던가, 그이와 내 앞에서 그 곡을 처음 연주했던 게. 그는 남편을 만나러 오는 수많은 음악가 지망생 중 한 사람이었단다. 우리 집을 찾는 무명의 음악가들이 많았지만 보석

브람스와 클라라 슈만

을 발견하는 일은 드물었지. 함부르크에서 왔다는 갓 스무 살이 되어 보이는 이 청년에게도 남편은 큰 기대를 하진 않았던 것 같아. 하지만 그가 연주를 시작하자마자 남편은 몹시 들뜬 목소리로 날 불렀어.

여보, 빨리 와 봐요! 천재가 나타났다고!

그의 음악은 남편의 마음을 뒤흔들어 놨어. 남편은 그의 음악을 다이아몬드처럼 순수하고 눈처럼 부드럽다고 표현했지. 그 말에 나도 동의했단다. 내가 거실에 들어선 순간 그의 음표들이 마치 흰 꽃잎처럼 흩날리고 있었으니까.

그날 오후, 새로운 친구를 만난 기쁨에 우린 작은 연주회를 열었단다. 그와 나는 나란히 앉아 피아노를 연주했지. 옆에서 본 그의 얼굴엔 아직 소년티가 남아 있었어. 표정은 수줍었지만, 연주할 때 그는 무척이나 진지했고 음악을 사랑하는 진정성이 충분히 느껴졌지. 흥겨운 곡을 연주할 땐 어깨를 들썩이며 나를 향해 살짝 웃기도 했는데, 그 모습이 마치 친동생처럼 어찌나 정이 가던지. 남편과 나는 그의 방문이 너무나 반갑고 고마웠어. 마치 전부터 알고 있던 소중한 친구를 오랜만에 만난 것처럼.

우리는 기꺼이 그가 우리 집에 머물며 작곡을 하고 훌륭한 음악가를 만날 것을 제안했단다. 망설이던 그는 조용히 고개를 끄덕였고, 그때부터 남편과 나 그리고 그의 삶은 달라졌지.

당시 남편은 창작의 고통으로 음악계에서 조금씩 멀어지고 있었어. 그런 남편에게 그는 하나의 활력소였지. 남편에게 그는 못다한 꿈이었고, 기다리고 기다리던 새로운 세대였어. 자신이 못 이룬 것들을 다시 이어줄 거라는 기대감, 이 고리타분한 음악계에 마침내 진짜 음악을 들려줄 음악가를 자신이 발견했다는 자부심이 남편을 다시 생기 넘치게 만들었던 거야. 내게도 그는 신선한 자극이었단다. 순수한 자신만의 세계를 가진 그가 연주를 할 때면, 다시금 음악에 대한 사랑이 피어올랐으니까.

음악도 음악이었지만 난 무엇보다 집안 분위기가 달라진 게 좋았단다. 사실 그는 낯을 가리는 데다가 무뚝뚝해서 좀처럼 친해지기 어려운 성격이었는데 남편과 내 아이들을 대할 때만큼은 천진한 장난꾸러기 같아서 집에 늘 웃음이 끊이질 않았으니까. 그런 그를 따뜻하게 돌봐주고 싶었고 훌륭한 음악가로 성장할 수 있도록 지원해주고 싶었다. 그게 내 진심이었지. 그런데 얼마 지나지 않아 그와 나의 관계는 역전되었어. 내가 그를 돌본 게 아니라 그가 나를 돌보기 시작한 거지.

남편은 그즈음 상태가 무척 좋지 않았어. 결혼 초기부터 시달려온 심한 두통과 환각이 무척 심해졌지. 처음엔 그저 극심한 창작의 고통이겠거니 했는데 어느 새 그 정도가 더해지더니 끔찍한 환청에 비명을 지르고 이성을 잃고 폭력을 휘두르는 일도 생겼단다. 그러던 어느 날, 남편은 스스로 라인 강에 뛰어들고 말았어. 자살 시도였지. 그 충격적인 사건 뒤로 남편은 스스로 정신병원에 가길 원했단다. 자신이 나와 아이들에게 상처를 주는 것을 스스로 제어할 수 없다고 여겼기 때문이었어.

남편은 내 평생의 사랑이었다. 우리의 결혼을 반대하는 아버지를 등지고 결혼할 정도로 나는 그를 사랑했어. 아니 그 없이 살 수 있을 거라는 생각을 해 본 적이 없었다. 연주회를 마치고 일어서면 저 멀리서 빙긋이 웃고 있는 그가 있어서 나는 연주할 수 있었어. 함께 피아노를 치고 웃고 입맞춤하고 아이를 낳고……. 나는 그 때문에 음악가로서 또 여자로서 더할 수 없는 행복을 누렸어. 그런데 그가 내 곁을 떠나버린 거야. 영원히 내 반려자로 함께 할 줄 알았던 그가 떠나가던 그때가 내 생애 가장 어두운 시간이었다. 정신없이 절망의 나락에서 허덕이고 있을 때 나는 일곱 번째 아이까지 임신하고 있었지.

그 시간 남편의 부재를 채워주고 나를 일으켜 준 건 그였다. 그는 나를 대신해 아이들을 챙기고, 집안일을 돌봐줬어. 그럴 뿐 아니라 임신한 내가 충격받을까 봐 상황이 점점 악화되고 있는 남편을 나대신 면회하고 살펴줬단다. 남편은 병이 심각해져 가족마저 알아보지 못하게 됐을 때도 그만은 알아봤어. 나뿐만이 아니라 남편에게도 그는 너무나 소중한 존재였던 거야. 그러나 그의 노력과 상관없이, 내 간절한 바람과 상관없이 남편은 마지막을 향해 달려가고 있었지. 실어증에 걸려 우리를 보고도 인사조차 하지 못했고 결국엔 모든 음식을 거부한 채 죽음만을 기다리고 있었어.

난 남편이 죽는다는 사실을 절대 받아들일 수가 없었다. 흔들리는 심장을 어떻게 진정시켜야 하는지, 쏟아지는 비명과 울음을 어떻게 참아야 하는지 알 수 없었지. 그때 그가 아니었다면, 나는 내 사랑하는 남편의 마지막조차 지키지 못했을 거야. 그는 심하게 떨고 있는 나를 부축해 남편에게 데려다 줬고, 우리 두 사람의 마지막 만남을 위해 자리를 비켜 줬단다.

그 마지막 순간을, 가슴 찢어지는 고통으로 견딜 수 없었지만, 한없이 애틋하던 그 시간을 어떻게 잊을 수 있을까? 사지를 마음대로 움직이지도 못하는 남편의 앙상하게 마른 몸과 핏기가 가신 창백한 얼굴은 너무나 낯설고 무서웠지만, 그가 나를 바라보는 그 눈빛만은 너무나 따뜻했지. 남편은 말 한마디 못했지만, 내게 다정한 미소를 보냈고 나는 그에게 마지막 입맞춤을 할 수 있었어.

그때, 그는 우리 뒤에서 마지막을 지켜봐줬단다. 그리고 장례식에서 남편의 음악을 연주해 줬지.

남편을 떠나보내고 남은 건 끔찍한 그리움과 나만을 바라보는 일곱 아이들이었어. 무거운 책임감과 견딜 수 없는 고통의 시간 중에 문득 그가 나를 바라보는 시선이 달라졌다는 걸 느꼈다. 실은 그가 남편이 떠나기 전에 자신의 마음을 편지로 전하기도 했지. 스승의 아내이자 친구인 나를 향한 감정이 애정으로 변하고 있음을 뜨겁게 고백한 거야.

날마다 나는 당신을 생각하고 당신에게 수천 번 입맞춤을 보냅니다.

한 자 한 자 망설이며 눌러 쓴 듯한 편지에서 그의 마음이 진실임을 그리고 얼마나 간절한지를 느낄 수 있었어. 그러나 그때 내가 무엇을 할 수 있었을까? 나는 그의 감정을 다독일 기운도, 떨쳐낼 힘도 없었어. 그저 다시 일어서서 연주해야지, 하는 생각밖에는. 그에게 그 시간이 얼마나 혼란스러웠을지 짐작하고 남는다. 어쩔 수 없이 차오른 사랑의 감정을 내뱉었지만, 내 남편은 그가 그토록 존경하고 사랑하던 스승이었지. 그 스승의 죽음과 장례식을 치르면서 그는 아마도 자신의 감정과 수백 수천 번 싸워야 했을지도 몰라. 그 때문이었을까? 그는 불쑥 우리 곁을 떠나기도 했어. 그러나 곧 돌아왔단다. 그리고 더 깊숙하게 내 인생으로 들어왔지. 친한 친구로, 우리의 보호자로, 서로를 응원하는 음악 동료로, 누구보다 아끼는 가족으로……

생각해 보면 그에게 받은 것이 너무나 많구나. 일곱 아이들을 책임져야 할 내 상황을 누구보다 잘 알았던 그는 남편이 떠난 뒤로 자신의 수입을 기꺼이 우리를 위해 내주었지. 그의 호의를 받지 않으려고 해도 소용없었어. 돈을 받지 않는다면 그 돈을 베를린에서 탕

진해버리겠다고 협박하기까지 했으니까. 그는 그렇게 못 말리는 데가 있단다. 어느 성탄절이었나, 크리스마스 트리에 불을 밝히려고 하는 순간, 아이들에게 줄 선물을 양손에 가득 들고 나타나 천진스럽게 웃던 그도 잊을 수가 없지. 그는 휴가 때에도 수시로 불쑥 우리 집을 방문하곤 했어. 그는 우리의 가족 그 이상이었단다.

그가 우리에게 선물한 곡도 참 많았어. 남편의 영혼을 위로해주던 그의 음악은 슬프지만 아름다웠고, 아이들에게 바치는 예쁜 모음곡은 너무나 사랑스러웠지. 그리고 날 위해 썼던 폭풍 같은 심경을 담은 열정적인 발라드와 가슴 아린 음악에 어떻게 감동하지 않을 수 있었을까?

하지만 나는 그가 원하는 사랑을 줄 수는 없었다. 내게 사랑은 단 하나, 남편뿐이었으니까. 그 어떤 것도, 그 누구도 남편을 잃은 내 상실감을 채워줄 순 없었지. 하지만 솔직히 그를 멀리 떠나보낼 용기도 내겐 없었단다. 그 모순된 감정을 어떻게 설명할 수 있을까? 그저 내가 무엇보다 바랐던 것이 있다면 그건 그가 훌륭한 음악가로 성장하는 일이었다는 것뿐. 난 누구보다 그의 재능을 확신하고 있었어. 내 큰 즐거움 중에 하나도 그의 음악을 가장 먼저 만나는 일이었지. 그리고 그가 잘 되기를 진심으로 바랐어. 그것이 어느 새 내 삶의 기쁨이 되어버렸으니까.

이런 나 말고 그가 사랑한 다른 사람은 없냐고? 아니, 있었단다. 세월이 흐르면서 소년티가 묻어나던 스무 살의 청년도 어느 덧 남자가 됐으니까. 젊고 아름다운 여인들도 그를 사랑했지. 그리고 약혼까지 한 여인도 있었단다.

그때 기분이 어땠냐고? 나는 늘 그의 자리를 내 남동생의 자리라고 생각했지. 그리고 아들처럼 사랑한다는 말도 했어. 그런데 막상 그가 사랑에 빠졌을 때는 미묘한 불안감이 들었어. 그러면서도 결국 사랑의 종착지에 다다르지 못한 채 번번이 내게 다시 돌아오는 그를 보면 묘한 안도감도 있었지만 미안하고 안타까운 마음도 컸지. 내가 그를 자유롭지 못하게 하고 있는 건 아닐까, 그의 사랑을 방해하고 있는 것은 아닐까…….

표현하기도, 정의하기도 어려운 감정 사이에서 그도 나도 분명히 괴로울 때가 있었을 거야. 그러나 그런 감정 따위가 우리를 멀어지게 하지는 못했어. 우리에겐 음악이 있었으니까. 난 남편처럼 그의 음악적 성장을 돕는 데 애썼다. 그것이 그가 베푼 배려와 사랑에 대한 보답이 된다면 좋겠다는 마음으로. 그리고 어느 날부터 나는 그의 곡을 앙코르곡으로 연주하기 시작했다. 그건 평생 동안 계속 됐지. 무명의 음악가인 그를 한 사람이라도 더 알아주고 사랑해주길 바라는 마음이었다. 그리고 홀로 파리로 건너가 처음으로 그의 음악을 연주하기도 했어.

　그런 작은 노력 때문이었을까? 다행히 그의 음악은 점점 환영받기 시작했고, 그의 명성도 조금씩 높아졌지. 그리고 마침내 나는 가슴 일렁이는 기쁨에 젖을 수 있었단다. 그 아름다운 순간을 생각하면 지금도 가슴이 벅차오는구나. 멀리서 들려오는 비엔나 합창단의 천상의 음악. 그 아름다운 음악을 지휘한 건 바로 그였어. 어느새 그가 합창단 지휘자까지 된 거야.

　이제 더 이상 함부르크에서 온 눈빛만이 살아있던 초라한 청년은 없었어. 어느 새 그의 이름이 음악계를 지배하고 있었으니까. 그는 모든 분류를 초월하는 독보적인 위치에 올랐지. 그의 음악을 처음 연주할 때는, 위험 부담이 많았어. 하지만 그는 내가 옳았다는 걸 마침내 음악으로 보여준 거야. 그 이후로도 난 그가 음악 때문에 나를 부르면 만사를 제치고 그에게 달려갔단다. 그래, 정말이지 우릴 이토록 오랫동안 각별한 사이로 만든 건 음악이었던 거야. 이럴 때 남편이 있었다면 어땠을까? 그는 또 얼마나 기뻐했을까?

　40년 전에 나는 가장 다정하던 사람을 잃어버렸다. 그 없이 사는 동안 종종 생각했어. 어떻게 사람들은 자신에게 전부인 사람을 잃고서도 그토록 오래 살 수 있는 것일까. 그래도 나는 그가 있었기 때문에 조금은 견딜 수가 있었던 것 같아. 나는 그를 보면서 의무를 가졌고 보람을 느꼈어. 그 모든 것이 내 삶의 중요한 의의가 됐지.

한때 나는 나를 향한 그의 감정이 지나가는 바람처럼 언젠가는 사그라질 날이 있을 거라 생각했다. 그런데 그는 젊고 아름다운 한때의 나를 사랑한 게 아니었더구나. 그걸 평생을 통해 증명해보였지. 그 오랜 세월, 그는 항상 내 가까이 있었다. 남편 없이 막내를 낳을 때도, 남편이 떠나 절규할 때도, 아플 때나 상처받았을 때도, 외롭고 쓸쓸할 때도, 내가 더 이상 연주를 할 수 없게 됐을 때도……. 너를 비롯한 손자들을 떠맡고 있을 때엔 이 편지와 함께 자신이 애써 모은 많은 돈을 내게 보내기도 했지.

당신이 장차 경험하게 될 좋고 아름다운 모든 것을 즐기도록 해요. 그리고 당신에게 어울리는 훌륭하고 아름다운 모든 것을 생각해요.

반쯤 귀가 멀고 관절이 굳어진 손가락을 보이며 자신의 불쌍한 육신에 대해 하소연하는 늙은 여인 앞에도 여전히 그가 있었어. 그도 물론 주피터의 수염을 한 땅딸막한 할아버지가 됐지. 나이를 먹어서도 그는 불쑥 날 찾아와 즐겁게 성가시게 했어. 날 위해 한 곡 연주해 봐요, 하면서……. 피아니스트로 데뷔한 지 60년이 되던 날, 그가 들려준 아름다운 음악은 지금도 가끔 내 귓가에 맴돌아 나를 행복하게 한단다.

그러나 늘 함께였던 그 또한 언젠가는 내 곁을 떠날 수 있다는 걸 나는 안다. 남편을 잃고, 내가 낳은 아이가 죽어가는 걸 보고, 부모가 떠나고, 친구를 떠나보내면서 알게 된 거야. 내가 가진 모든 것은 내게서 언제든지 사라져버릴 수 있다는 걸. 결국 사람이 늙어간다는 건 뭔가를 잃어버린다는 얘기거든. 그러니 누군가를 소유한다는 건, 얼마나 부질없는 일이겠니.

언젠가는 내가 그의 곁에서 조용히 사라질 수도 있을 거야. 그리고 내 묘지 위에도 바람이 불고 눈이 내리겠지. 그러나 그것과 상관없이 인생은 계속되겠지.

왜 이런 슬픈 얘길 하냐고? 이제 얼마 남지 않았거든. 그에게 하고 싶은 얘기는 없냐고? 하고 싶지만 차마 할 수 없는 얘기도 있는 거란다. 나는 남편에게 원 없이 사랑한다는 말을 했지. 그게 나의 뜨거운 진심이었고. 하지만 그에게 사랑한다는 말을 해본 적은 없단다. 그는 나에게 사랑한다는 말을 한 적이 있었지. 하지만 나는 이번 생에서 그를 나만의 방식으로 사랑했단다. 욕심이 있다면 이런 나의 마음을 조금만이라도 그가 알고 있었으면 하는 거야.

후회한 적은 없었냐고?

글쎄, 나는 이게 맞다고 생각한단다. 우리에게 이번 삶은 여기까지가 맞아. 그것을 남들이 사랑이라 부르든 우정이라 부르든 난 상관하지 않아. 하지만 언젠가, 다른 생에서 만날 수 있다면, 그때는, 그때에는……. 그에게 받은 그 많은 사랑을 조금이라도 돌려줄 수 있다면 좋겠구나.

날 위해 한 번만 더 연주해줄래? 참, 아름답지? 그래, 이제……. 그만하면 됐다, 이걸로 충분해.

그남자 이야기

내 근시와 부주의가 오늘처럼 원망스런 날이 없었습니다. 나 스스로에게 너무나 화가 납니다. 하필 이런 날에, 이 중요한 날에, 이 안타까운 날에 기차를 잘못 타다니요. 여기서 프랑크푸르트를 거쳐 본까지 가려면, 뭐라고요? 40시간이나 걸린다고요? 맙소사.

생각해보면 늘 그랬네요. 그녀에게 가는 길은 이렇게 쉽지가 않았지요. 늘 돌아가야 하고, 기다려야 하고, 가지 못할 것 같은 불안에 시달리고. 그렇지만 난 평생 그녀를 향한 이 길을 에둘러 걸어왔습니다. 그녀가 누구냐고요?

그녀는, 나의 스승이자 어머니이자 누나이자 친구이자 동료였습니다. 그녀는 내게 모든 여인이었습니다. 아니, 그녀는 내 평생의 사랑이었습니다.

43년 전, 함부르크에서 온 초라한 스무 살 청년이 작곡한 음악에 사람들은 관심이 별로 없었습니다. 하지만 난 믿고 있었죠. 나를 알아봐 주는 사람이 분명히 있을 거라고. 그때 한 동료가 그의 이름을 말해줬습니다. 그는 내가 평소에도 좋아하고 존경하는 음악가이기도 했죠. 그래, 그러면 나란 사람을 알아줄지도 몰라, 기대하고 설레는 마음으로 그의 집 문을 두드렸습니다.

처음 본 그는 자신의 분야에서 경지를 이룬 사람들이 그런 것처럼 형형하면서도 예리한 눈빛을 갖고 있었지요. 무뚝뚝한 인상에 말이 없었지만 왠지 믿음이 갔습니다. 떨리는 마음으로 내 이름을 채 다 말하기도 전에 그가 말했지요, 연주부터 해보지. 그리고 나를 피아노 앞으로 안내했지요. 긴장을 감춘 채 나는 연주를 시작했습니다. 그리고 그때, 내 인생이 달라졌습니다.

여보! 빨리 와서 이것 좀 들어봐요!

갑자기 방안이 훈훈해지고 아늑해지는 느낌이었습니다. 그 따뜻한 공기는 그녀 때문이었지요. 크고 동그란 눈엔 선량함이 담겨 있었고 단정하게 넘겨서 올린 머리 때문에 돋보이는 반듯한 이마엔 지혜로움이 엿보였습니다. 그녀가 가까이 다가왔을 때 훅 풍겨오던 달콤한 아기 냄새는 이 집에 들어설 때 나도 모르게 갖고 있던 경계심을 무너뜨렸지요. 남편의 허리를 감싸면서 나를 향해 가볍게 고개를 끄덕이며 눈인사를 하던 그녀의 미소를 보면서 나는 다짐했던 것도 같습니다. 이곳에 오래 머물 수 있다면 무엇이라도 하리라.

그날, 한 폭의 그림처럼 어울리는 두 사람을 앞에 두고 피아노를 쳤습니다. 자작곡 연주가 끝난 뒤, 그들은 나를 힘껏 안아줬습니다. 마치 잃어버린 가족을 만난 것처럼.

지금 생각해도 꿈만 같은 시간이 이어졌습니다. 그녀와 나란히 피아노를 친 것이지요. 피아노 건반을 힘껏 누를 때마다 깊게 패이던 그녀의 아름다운 쇄골과 투명한 음이 미끄러지듯 흘러나올 때 파르르 떨리던 그녀의 긴 속눈썹을 나는 후에도 몇 번이나 떠올리곤 했습니다. 아마도 그때부터 그녀를 사랑하게 됐는지도 모르겠습니다.

두 사람은 내 가족보다 나를 더 챙기며 아껴줬습니다. 자신의 집에 머물 것을 제안했고, 그들의 훌륭한 동료와 선배들에게 풋내기 청년 음악가인 나를 소개하기 바빴지요. 누군가의 인정을 받는다는 것이 얼마나 삶을 생기 넘치게 하는지, 또 얼마나 삶의 격려가 되는지 그들은 내게 가르쳐주었습니다. 그녀의 올망졸망한 아이들과 장난치고 땅바닥을 구를 정도로 배꼽 빠지게 웃던 시간들, 가정이란 얼마나 행복하고 소중한 것인지를 온 몸으로 느낄 수 있었습니다. 참으로 행복하고 감사한 시간이었습니다.

그런데 그 흐뭇하고 따뜻한 시간이 어느 날부턴가 조금씩 고통으로 다가오기 시작했습니다. 그녀 때문이었습니다. 큰누이 같고, 어머니 같고, 따뜻한 선생님 같던 그녀인데, 그녀는 나를 처음 인정해 준 스승의 아내인데, 그녀와 그는 내 가장 가까운 친구인데, 그러면 안 되는데, 안 되는데, 하면서도 조금씩 커져가는 그녀에 대한 마음을 어쩌지 못했습니다.

그 마음이 그저 지나가는 감정이 아닐 거라고 확신하게 된 건, 그녀의 고통을 바라보기 시작하면서였습니다. 그가, 그녀가 그토록 사랑하는 그가 조금씩 무너지고 있었던 겁니다. 오래 전부터 그는 두통과 환각, 환청에 시달려 왔지요. 그 고통을 아편으로 잊으려 했지만, 결국 그것이 병을 더 키웠고 급기야 그는 자신을 제어하지 못한 채 라인 강에 투신하고 말았습니다. 다행히 목숨을 잃지는 않았지만, 자신이 그녀와 아이들에게 큰 상처를 줬다는 것을 깨달은 그는 제 발로 정신병원에 입원했습니다.

그녀가 안쓰러웠습니다. 한숨 대신 미친 듯이 피아노를 치던 그녀의 슬픔에 함께 목이 메었습니다. 이 어려운 상황에 일곱 번째 아이를 임신한 것을 알고는 배를 감싸고 우는 그녀를 힘껏 안아주고 싶었습니다. 무엇이든 하고 싶었습니다. 그녀가 다시 웃을 수 있다면. 그러나 그녀의 사랑은 오직 그뿐이라는 걸 누구보다 잘 알고 있었습니다. 그러기에 죄책감은 더욱 커져 갔습니다. 그녀를 일부러 피하기도 했습니다.

그러나 내 마음을 거부하면 거부할수록 내 심장은 그녀만을 향해 격렬하게 뛰었습니다. 열렬히 사랑해도 가질 수 없다는 걸 알기에, 더 갖고 싶었고, 내 인생의 첫 번째 사랑의 불운에 절망했습니다. 내 운명을 저주하는 순간 삶의 의욕마저 잃어 자살까지 생각한 적도 있었습니다. 견디다 못해 보지 않으면 달라질까, 잠시 그녀의 집을 떠나있던 적도 있었지요. 그러나 나는 돌아올 수밖에 없었습니다. 그녀가 미치도록 그리웠습니다. 그녀를 가질 수 없더라도 볼 수만 있다면 살 수 있을 것 같았습니다. 그리고 어떤 의무감도 내게 있었습니다. 그와 그녀는 내게 가족 이상의 의미였으니까요.

돌아온 나를 그녀는 아무 말없이 받아줬습니다. 나는 그녀의 천사 같은 아이들을 돌보고, 그와 그녀를 대신해 사소한 집안일을 챙겼습니다. 그러나 상황은 갈수록 더 나빠졌습니다. 면회를 갈 때마다 그의 병은 깊어져있었고, 급기야는 실어증에 거식증까지 겹쳐 날마다 야위어 가는 그를 봐야 했지요. 그 누구도 알아보지 못하는 휑한 눈동자와 볼이 깊게 패인 얼굴로 나를 보고 희미한 미소를 지을 땐 가슴이 아려왔습니다. 그러니 그녀는 어땠을까요? 그러나 한편으로 하면 안 될 생각을 나도 모르게 하고 있었습니다. 그의 죽음이 명백해지면서, 내 사랑이 현실이 될지 모른다고 생각한 거지요. 갑자기 불붙은 마음은 걷잡을 수 없이 커져 갔고, 그 마음을 주체하지 못한 나는 결국 어느 날 편지로 그녀에게 고백하고 말았습니다.

날마다 나는 당신을 생각하고 그대에게 수천 번 입맞춤을 보냅니다.

답장은 오지 않았고, 그러면 나는 다시 편지를 썼습니다.

오늘 아침에도 그대에게서 편지가 오지 않았습니다. 나는 아무것도 할 수 없습니다. 그 무엇도 연주할 수가 없고, 그 무엇도 생각도 할 수가 없습니다.

지금 생각하면 참 어리석고 잔인한 짓이었습니다. 그녀 인생의 전부인 사람이 죽어가고 있는데, 그 고통을 처절하게 견디고 있는 그녀에게, 절망감 속에 무너지고 있는 그녀에게, 사랑의 감정 따위를 전하다니요.

결국 그는 너무나 가슴 아픈 모습으로 우리 곁을 떠났고 장례식

때, 나는 그의 관 앞에서 걸었습니다. 그리고 흐느끼는 그녀의 옆에서 그의 곡을 연주했습니다.

그때 어렴풋이 깨달았습니다. 이 여인을 가질 수 없는 것이 나의 피할 수 없는 운명이라는 것을. 그리고 앞으로 그 누구도 진심으로 사랑하지 못하리라는 것을.

다른 사람을 사랑한 적이 한번도 없었냐고요?

나는 그때 20대의 건강한 남자였습니다. 많은 여자를 만났습니다. 이룰 수 없는 사랑 대신 다른 사랑을 찾으려는 보상 심리도 있었겠지요. 그러나 나 혼자 열렬히 사랑에 빠졌다가도 어느 새 도망치고 있었습니다. 그런 나를 그녀는 '사랑의 도망자'라고 놀리기도 했지요. 모든 여인에게서 그녀가 보였습니다. 그녀를 닮아서 좋아한 여인도 있었고, 그녀의 향기가 나서 좋아한 여인도 있었습니다. 그러나 이내 나는 마음을 정리하고 돌아왔습니다. 그녀가 아닐 바에는 자유롭고 싶었습니다. 아무에게도 속박당하고 싶지가 않았습니다. 이런 나를 그녀는 늘 같은 자리에서 한결같은 모습으로 맞아줬습니다. 방랑 후에 불쑥 그녀를 찾아가도 여전히 그녀는 자애로운 얼굴로 내 얘기를 들어줬고, 그녀 또한 자신의 고민을 털어났습니다. 내 음악에 생기를 불어넣어줬고, 용기를 줬고, 끊임없는 격려를 보냈습니다.

언제였나, 아직 내가 음악가로 이름을 알리지 못한 때였습니다. 이미 그녀는 명망 있는 피아니스트였지요. 그녀는 어느 날 자신의 연주회에서 내 음악을 앙코르곡으로 연주했습니다. 먼 발치에서였지만 그 누구보다 진지하게 또 열렬하게 내 음악을 연주하고 있다는 걸 알 수 있었습니다. 그 이후로도 그녀는 연주회를 할 때면 한번도 빠짐없이 내 곡을 연주했지요.

내 착각이었을까요? 그녀의 피아노 소리에서 나는 사랑의 기미를 느꼈습니다. 맑고 잔잔한 음들에선 그녀의 따뜻한 사랑의 말들이 쏟아졌고, 격렬하게 건반을 두드릴 때에는 폭포처럼 격렬한 열정이 전해지는 것 같았습니다. 그날, 그녀는 내 눈물을 보지 못했습니다. 아니, 보지 못한 것이 얼마나 다행인지 모르겠습니다. 만약 그때 그녀의 눈동자와 마주쳤더라면 나는 내 마음을 더 이상 자제할 수 없었을 테니까요. 그 순간 나는 더 이상 내 사랑을 서러워하지 않기로 다짐했습니다.

그녀는 내게 늘 고맙다, 라는 말을 입버릇처럼 말했습니다. 그러나 고마운 사람은, 바로 나입니다.

그녀가 한번이라도 사랑한다고 말한 적이 있었냐고요?

　친애하는, 경애하는, 아끼는, 이런 말들은 수없이 들었지요. 무심결에 내 사랑하는 친구, 라고 한 적도 있었던 것 같네요. 하지만 내 눈을 바라보면서 사랑해요, 라고 한 적은 없었지요.
　비록 사랑한다는 말은 듣지 못했지만, 세월이 우리를 희끗한 백발로 만드는 동안 그녀는 진심으로 나를 수없이 감동시켰습니다. 내가 비엔나 합창단 지휘자가 됐을 때 눈물 가득한 눈으로 나보다 더 기뻐했고, 파리로 홀로 건너가 그 누구보다도 먼저 내 음악을 당당하게 연주해서 프랑스에 내 음악을 알렸지요. 어머니를 잃고 모든 여인과의 관계에 회의를 느낄 때 여전히 그녀는 나를 안아줬고, 작품이 완성되어 가장 먼저 그녀에게 보내면 만사를 제쳐 놓고 내 음악을 듣고 평해줬지요.
　브레멘에서 내 곡의 초연을 준비할 때였어요. 떨리고 두려운 마음 때문이었을까, 그녀가 다른 때보다 더 그리웠을 때 한 장의 편지를 보냈습니다.

　만약 당신이 청중들 사이에 끼어있다면…….

이 짧은 한 마디에 그녀는 기차를 타고 내게 달려왔습니다. 그렇게 차마 가질 수 없었던 그녀에게, 감히 더 가까이 갈 수 없었던 그녀에게 음악이 나를 데려다주었습니다.

고독한 적도 있었습니다. 결국 나는 혼자인 게 아닌가, 쓸쓸한 마음에 포도주 한 잔을 연인삼아 잠이 든 적이 왜 없었겠습니까? 그러나 대신 자유로웠고 행복했습니다.

만약 내 혈기와 열정과 욕심과 충동을 주체하지 못해 그녀를 가지려고 했더라면, 이렇게 오랫동안 음악과 인생을 그녀와 함께 나눌 수 없었을 겁니다. 그리고 나의 은인, 그의 음악을 듣고 연주할 수도 없었겠지요.

인생을 이만큼 살아보니 알 것도 같습니다. 때론 갖지 못한 것들이 더 많은 것을 인생에 선물하기도 한다는 걸.

하지만, 하지만, 그렇더라도……. 아닙니다. 아니에요.

차창 밖 풍경 때문인가요? 지난 사십 몇 년이 그림처럼 흩어집니다. 이렇게 긴 시간의 추억이 한꺼번에 밀려드는 걸 보니, 나의 시간도 저물고 있나 봅니다. 물론 내게 아직 할 일이 남아있습니다. 그녀에게 가야지요. 그의 곁에 잠들 그녀를 끝까지 지켜봐야지요. 그리고 함께 잠든 두 사람 앞에서 연주해야 합니다. 그녀가 그토록 그리워하던 그의 음악을. 만약 눈물을 참을 수 있다면 한 곡쯤 내 음악도 연주할 수 있다면 좋겠습니다. 그 정도는 그도 허락하지 않을까요?

그녀가 주름진 얼굴로 한 말이 떠오릅니다. 언젠가 우리는 떠나고 우리 무덤 위에 바람이 불고 눈이 내릴 거라고. 하지만 그것과 상관없이 인생은 계속될 거라고.

그렇겠지요. 세월은 또 흐르고 사람들은 저마다의 인생을 또 살아가겠지요. 하지만 나는 그녀가 없는 이 땅에 더 이상 흥미가 없을 것 같습니다.

이제 내려야겠습니다. 그녀를 너무 오래 기다리게 했어요.

그 여자
클라라 슈만
Clara Schuman 1819~1896

슈만이나 브람스의 이름을 굳이 결부시키지 않아도 당대에 그녀는 매우 성공한 피아니스트였다. 19세기의 바이올린 대표 주자로 요아힘을 떠올리듯, 피아노 하면 그녀를 떠올릴 정도로.

아버지의 반대로 재판까지 하며 어렵게 사랑하고 결혼한 남편, 로베르트 슈만이 정신분열증으로 고통받다 죽은 뒤 그녀는 음악가로서의 열정을 더욱 불태웠다. 수천 킬로미터를 여행했고, 쉬지 않고 연주회를 가졌다. 경제적 필요 때문만이 아니라 정신적인 필요에 의해서도 미친 듯이 연주했다. 그때 그녀는 자신의 삶을 이렇게 요약했다. '행복도 사랑도 없지만 자유로운 또 하나의 삶'

남편을 잃은 후에도 그녀의 인생은 평탄하지 못했다. 큰아들이 그녀의 남편을 괴롭히던 똑같은 병으로 정신병원에 입원하는 것을 봐야했고, 자신을 닮은 딸과 가장 재능 많던 막내아들까지 잃어야 했다. 그녀는 말했다. 하나의 사건이 다른 사건을 밀어내고 하나의 기쁨이 하나의 슬픔을 달래주고 다시 또 다른 슬픔이 이제껏 누리던 행복을 앗아가는 게 인생이라고. 그렇듯 의연한 그녀였지만 심적 고통이 얼마나 컸을지 짐작할 수 있다.

상처받고 극복하며 자신의 인생을 꿋꿋이 살아내는 그녀 옆에 열네 살 연하의 브람스가 있었다. 그의 음악을 진심으로 사랑하고 아꼈던 그녀는 생전에 남편이 그랬듯 열렬하게 브람스를 지원했고, 그의 뛰어난 해석자로 '브람스 박사님'으로 불리기도 했다. 그녀는 말년에 이런 말을 남겼다.

"그와 슈만은 내 인생에서 가장 아름다운 사건이었습니다. 그들은 내 인생의 가장 고귀한 풍요로움과 가장 고상한 실체를 구현하게 해줬어요."

그 남자
요하네스 브람스
Johannes Brahms 1833~1897

 리스트와 바그너가 전 유럽에 명성을 떨치던 시대, 그는 시대를 거슬러 올라가 바흐의 바로크 양식과 베토벤의 고전 양식을 가미한 풍부하고 다양한 감정을 담은 작품들로 사랑받았다.

 함부르크의 청년 무명 음악가는 세월이 흘러 유명한 음악가가 되어서도 평생을 혼자 살았다. 그 배경엔 슈만의 아내인 클라라가 있었다. 하지만 그는 후회하지 않았을 것이다. 그의 좌우명은 독일어로 'Frei aber froth', '자유롭지만 행복하다'였다.

 그는 클라라가 떠난 이후에도 계속 작품을 썼다. 그러나 곧 아파서 드러눕고 말았다. 처음 있는 일이었다. 1987년 4월 2일, 자정이 넘어가던 시간, 그는 라인 강의 포도주 한 잔을 부탁해서 마셨고, 침대에 앉아있었다. 어쩌면 그 새벽, 그의 흐릿한 푸른 눈에서 눈물이 흘러 반백의 수염에 맺혔을지 모른다. 그 날, 브람스는 세상을 떠났다. 그의 아버지 생명을 앗아갔던 것과 같은 간암이었다. 클라라가 떠난 지 1년도 되지 않은 때였다.

꽃 피우지 못한
사랑이 더 아프다

마릴린 먼로와
조 디마지오

르누아르 《설미》 중에서

그 여자 이야기

나는 누구일까요? 나는 누구인 채로 살아가고 있는 걸까요?

밤마다 이런 물음표들이 나를 괴롭힌 지도 오래됐네요. 언젠가부터 내 속에서 튀어 나온 여인들의 환영에 시달리고 있어요. 어느 날엔 디킨스 소설 속에 비참한 어린 주인공처럼 가냘프고 가련한 소녀가 눈물 가득 고인 눈으로 날 보며 울고 있어요. 또 어느 날엔 화려한 옷과 가면 같은 화장으로 치장한 마네킹 같은 여인이 날 차갑게 바라보고 있죠. 그러다 어느 땐 두 여인이 함께 나타나서 말릴 수도 없을 정도로 서로를 비난하며 나를 향해 소리를 질러요.

내가 바로 진짜 너야!

저 많은 이들이 환호하는 만인의 연인이 나인가요? 누군가 말했듯 텅 빈 머리에 아름다운 얼굴과 몸을 가진 백치 여배우가 나일까요? 내 부모가 그런 것처럼 언젠가 모든 사람이 나를 버릴까 두려움에 떨며 미쳐가는 이 여인이 나일까요?

당신은 알고 있었나요? 내가 누구인지?

모르겠어요. 내가 아는 건 당신이 나를 사랑한다는 것뿐. 우리가 서로에게 심하게 상처 주던 그 시간에도, 당신 없는 그 시간 동안 내가 겪어야 했던 수십 수백까지 상처와 상실감과 좌절과 쓰라린 외로움의 시간에도, 당신이 변함없이 나를 사랑했다는 것을 조금은 알 것 같아요. 결국 우리의 관계를 견디지 못하고 돌아선 건 나지만, 내가 만신창이로 쓰러져 있을 때도, 처연한 고독에 흐느낄 때도, 내 옆에 있었던 건 당신이었죠. 그걸 알기까지 난 너무 오래 방황해야 했어요.

언제였나, 부서지고 있는 나를 슬픔에 젖은 눈으로 바라보던 당신의 눈길이 아련하게 떠오릅니다. 그렇게 당신은 날 떠나고서도 날 떠나지 못했죠. 그러나 우리는 아, 나는 너무 멀리 와 버린 걸까요? 수줍은 표정으로 서로 마주 보며 환하게 웃던 그날로부터.

지금 생각하면 바보같이 난 모든 국민이 다 사랑하는 미국의 영웅인 당신을 잘 몰랐어요. 주변에서 당신이 내게 관심이 있다고 말할 때도 그가 누구냐고 되물을 정도였죠. 주변 사람들의 호들갑에 만나겠다고는 말했지만, 당신을 만나러 갈 때만 해도 이름이 꽤 알려진 야구선수가 자기 인기를 이용해서 여배우와 즐기려고 하는 거겠지, 하며 탐탁하게 생각하질 않았어요. 그래서 더 만만하게 보이고 싶지가 않았죠. 두 시간이나 늦게 나간 것도 게임의 시작을 내게 유리하도록 하고 싶기 때문이었어요. 기다림의 갈증으로 더 내게 빠져들어 허우적대는 남자의 모습을 구경하는 것도 재밌겠다는 생각이었죠.

그러나 당신은 내 예상을 깨는 사람이었어요. 모든 사람이 좋아하고 심지어 존경한다는 스포츠 영웅이라는 당신은 첫눈에 보기에도 순박하고 순진해 보였어요. 또 점잖았고, 말수가 없었죠. 내 얼굴을 똑바로 쳐다보는 대신 자신의 술잔을 더 많이 들여다 볼 정도로 수줍음을 타는 것 같기도 했어요. 그런 당신이 불편해할까 봐 나도 모르게 내가 어떤 말을 해야 당신이 편안해질까, 애쓰고 있더군요. 그런 당신이 재밌고, 흥미로웠어요. 연예계에 발을 들여놓은 이후로 당신 같은 유형의 남자는 처음이었죠. 당신은 자기의 명성을 침 튀겨가며 자랑하지도 않았고, 나한테 특별히 잘 보이려고 애쓰지도 않았어요.

사실 그날 우린, 공통된 화제를 찾기는 어려웠죠. 내가 목숨 걸고 있는 영화를 당신은 별로 좋아하는 것 같지 않았고, 나 또한 스포츠엔 별로 관심이 없었으니까요. 그런데 어떤 이유인지 좀처럼 당신과 헤어지고 싶지가 않았어요. 함부로 할 수 없게 만드는, 품위가 있으면서도 어딘가 사람을 믿게 만드는 힘이 당신에게 있었어요. 그래서였을까요? 당신이 드라이브를 하자는 말에, 흔쾌하게 그러자고 했죠. 생각나요? 별로 넓지도 않은 베벌리힐스를 그날 우린 세 시간이나 돌아다녔잖아요. 같이 있고 싶은 마음, 아마도 그게 사랑의 시작이었겠죠.

    당신과 함께 처음 수많은 사람들을 헤치며 걸어가던 때가 생각나요. 내 존재가 사라지는 것처럼 느낄 정도로 당신은 많은 대중을 압도했고, 그들은 당신을 사랑했죠. 당신이 어떤 남자인지도 모르고 만나다가 정신을 차리고서 알게 된 거예요. 내가 미국의 꿈이자 영웅과 사랑하고 있다는 걸. 누가 상상이나 했겠어요? 태어날 때부터 사랑받지 못하던 불운한 아이가, 고아원을 전전하며 갖은 노동과 성폭력에 시달려야 했던 비참한 소녀가, 생활비가 없어서 옷을 벗고 누드 촬영을 하던 가난한 모델이, 당신 같은 거물과 결혼하게 될 줄 말이에요.

    한없이 부푼 마음 때문이었을까요? 당신과 내가 무척이나 다른 사람인 걸 알면서도 잘 할 수 있을 줄 알았죠. 취향쯤이야 당연히 극복하겠지, 가치관이 다른 것도 잘 맞춰나갈 수 있을 거야, 보수적인 그와 자유로운 나지만, 그걸 서로의 매력으로 잘 이해할 수 있을 거야, 낙관적인 희망만을 품었죠. 연애 초부터 잦은 다툼이 있었지만, 다 과정이려니 생각하고 싶었어요. 아니 어쩌면 그 사소한 문제들을 보지 않으려고 했는지도 몰라요. 우린 행복했고, 그 절정의 순간에 서 있던 우리는 현실을 외면하고 싶었던 거예요.

그저 나는 당신과 나의 공통점 찾기에 바빴어요. 괜히 겁이 나면 당신도 나처럼 어려운 시절을 보낸 사람이라는 걸로 스스로를 위로했죠. 가난한 어부의 아들로 태어나 자신만의 위치에 오르기까지 피나는 노력을 한 사람이기에, 나를 이해할 수 있을 거라고 생각했어요. 그런 당신과 내가 한번도 가져보지 못한 따뜻한 가정을 만들 수 있을 거라 믿었죠. 어쩌면 나는 당신을, 원래의 당신이 아닌 내가 그린 당신으로 상상하면서 사랑했는지도 몰라요.

서로에 대한 상상이 깨지는 순간, 불화도 시작됐어요. 우리 참, 많이도 싸웠죠? 그보다 치열하게, 격렬하게 싸울 수가 없을 정도로. 1년이 채 안 되는 결혼 생활 내내 참으로 힘들었고, 괴로웠죠. 당신은 결혼과 함께 당신이 전직 야구선수인 것처럼 나 또한 전직 여배우가 되어 자신의 아내로만 살아주길 원했어요.

하지만 '연기'와 '영화'는 초라하고 비참한 시간을 인생에서 도려내고 싶었던 내게 간절한 탈출구였어요. 처절한 내 지난 시간에 복수라도 하듯 나는 날개를 달고 더 높이 높이 올라가고 싶었던 거예요. 그런데 아무것도 아닌 나를 사람들이 사랑하기 시작했죠. 죽도록 사랑받고 싶었지만, 누구의 사랑도 받지 못했던 나를, 모든 사람들이 사랑한다고 말했어요. 나를 위해 웃었고, 나를 보며 손을 흔들었죠.

　나는 금방 도취되고 말았어요. 그리고 보란 듯이 최고의 여배우가 된 나는 계속 사랑받기 위해서 영화뿐 아니라 현실에서도 연기를 하기 시작했어요. 당신과 심하게 다툰 후에도 카메라가 다가오면 다정하게 허리에 손을 두르며 웃었죠. 불면증에 시달리며 악몽을 꾼 다음 날에도 달콤한 꿈을 꾸는 표정으로 사람들을 대했어요. 그 시간, 당신이 나를 향해 하는 말들은 들리지가 않았어요.

　저들은 당신을 이용하는 것뿐이라고! 언젠가 할리우드가 당신의 영혼까지 다 갉아 먹고 말 거야.

　당신이 심하게 나를 비난할수록 나는 당신에게서 점점 더 멀어지는 기분이었죠. 그러나 포기할 수가 없었어요. 내 고통스런 노력으로 만들어 낸 또 다른 나도, 사랑한다고 외치는 수많은 사람들의 열광도. 그러면서 나 또한 당신에게 원했죠. 이런 나를 이해해주기를, 어떤 모습의 나라도 똑같이 사랑해주기를……. 그러나 당신의 분노는 점점 커져만 갔고, 결국 당신은 내게 폭력을 휘두르고 말았죠. 당신이 거칠게 내 어깨를 쥐고 흔들어대던 그 순간 나는 내 영혼의 한 쪽이 부서져나가는 걸 느꼈어요. 나는 나를 지키고 싶었어요. 그리고 끝내기로 마음먹었죠. 이 결혼을.

내 주변에는 이렇게 해라, 저렇게 해라, 그래야만 한다, 내 행동과 말투와 걸음걸이, 표정하나까지 다 지시하는 사람들뿐이었어요. 어느 게 나인지, 누가 나인지 혼란스러운 그때, 나는 그저 기대고 쉴 따뜻한 품이 필요했고, 그걸 당신에게서 찾고 싶었지만 그럴 수가 없다는 생각이 들었어요. 당신마저 내게, 당신이 만들어낸 나를 원하고 그렇게 하기를 강요하는 것처럼 느껴졌죠. 떠나는 게 맞다고 생각했어요. 상처뿐인 결혼을 이어나갈 이유가 없다고 여겼죠. 그렇게 뒤돌아섰지만, 마음으로 당신을 보내지는 못했다는 걸 혹시 알고 있었나요?

날 거칠고 무자비하게 대하던 당신의 행동을 떠올리면 때때로 분노가 일어났죠. 하지만 어느 날엔 우직한 가장의 모습으로 날 감싸고 안아주던 당신의 모습이 떠올라 외로웠고, 당신이 못 견디게 그리웠어요. 그리고 가정을 지키지 못한 자책과 죄책감에 시달렸죠. 그때부터 내 신경은 걷잡을 수 없이 무너지기 시작했던 것 같아요.

그래도, 그렇더라도 나는 다시 살아보려고 애를 썼어요. 아무도 내가 이런 배우가 될 줄은 몰랐죠. 그러나 나는 해냈어요. 나는 불가능한 확률을 이기고 꿈을 현실로 만들어 낸 주인공이었으니까요. 그러나 카메라와 사람들이 없는 곳에서 나는 울고 있었죠. 아무도 없이 혼자 밤을 맞을 때엔 미치도록 무서웠어요. 사람들이 나를 버릴까 봐, 언젠가 처절한 외로움 속에서 비명을 지르며 홀로 죽어갈까 봐, 대를 물리는 무서운 정신분열증에 내가 굴복할까 봐……. 나는 치열하게 나 자신과 싸워야 했어요.

다시 사랑을 찾아 헤맸죠. 누군가 나를 사랑해주지 않으면 불안했어요. 그래, 너는 그것밖에 안 돼, 넌 원래 그런 인간이야, 넌 패배자야, 그렇게 나를 비웃는 또 다른 나에게 보란 듯 다시 사랑하고 일어서는 모습을 보여주고 싶었어요. 그러나 내 갈망을 채워줄 거라 믿었던 아서*와의 결혼도 결국 끝이 났어요.

실은 그와 결혼할 때 알 수 없이 터져 나오는 눈물을 삼키며 그 비극을 조금은 예상했는지 몰라요. 그래서 더 애를 썼어요. 예정된 비극에 반항하듯 가정을 지키려고 필사적으로 노력했어요. 완벽하게 사랑할 수 있는 존재인 나의 아이만 생긴다면 모든 게 다 잘 될 거라고, 노력하면 내가 꿈꾸는 그런 가정을 이룰 수 있을 거라고 믿었어요. 그러나 신은 내게 평범한 행복은 절대 안겨주지 않더군요. 두 번의 유산으로 그 꿈마저 좌절됐을 때, 그의 일기장을 보고 난 경악하고 말았어요. 그의 은밀한 기록 속에 나는 형편없는

---

* 〈세일즈맨의 죽음〉으로 유명한, 미국의 대표적인 현대 극작가

인간이었어요. 칭얼대고 투정하며 어리광부리는 지겹고 귀찮은 여자, 그에게 나는 쓸모없고 무거운 짐일 뿐이었죠.

 나는 인간관계에 지쳐버렸어요. 연기조차 할 수 없을 정도로 생의 흥미 또한 잃어버렸죠. 온 세상이 내 이름을 부르면 부를수록 더 외로웠어요. 이제야 깨달은 거죠. 당신의 말처럼, 그들은 그들이 원하는 방식으로 나를 상상하고 사랑하는 거라는 걸 알아버린 거예요.

 그런데 왜였을까요? 쓰디 쓴 현실이 찾아올 때면 늘 당신 생각이 났어요. 환청과 환각에 시달리며 망가져가는 나를 두고 볼 수 없어 스스로 의사에게 도움을 요청했다가 어이없게도 그 악몽 같은 곳, 아무도 나를 구해주지 않던 그 무섭고 끔찍한 곳, 죄인을 감옥에 수감하듯 나를 가두고 묶어놓던 지옥 같은 정신병원에 갇히게 됐을 때도 오직 당신만을 떠올렸어요. 나를 구출할 사람은 당신뿐이라고 확신했어요. 당신은 내 기대를 저버리지 않고 날 위해 와주었죠. 그 이후에도 나를 삼켜버릴 것 같은 외로움에 벌벌 떨면서 전화할 때도 당신은 어김없이 달려왔어요. 그리고 조금씩 내 곁으로 다시 가까이 다가왔죠.

 기억해요? 우리가 헤어진 뒤 몇 해 뒤였나, 당신이 보내준 포인트세티아 화분. 그 선물을 받고 난 당신에게 전화했죠. 왜 이 선물을 보낸 거냐고. 당신은 그러면 내가 전화할 줄 알았다고 말했어요. 당신에게 또 누가 있겠어? 그때, 당신의 말투는 무뚝뚝했지만 알고 있었어요. 나란 사람을 진심으로 생각해주는 사람은 당신뿐이라는 걸.

우리, 어쩌면 다시 시작할 수 있을까요? 우리, 이제는 다른 모습으로 서로를 사랑할 수 있을까요?

난 내가 인생의 시련을 늘 극복할 수 있다고 생각했어요. 난 삶을 사랑하니까, 난 불가능을 가능하게 만든 주인공이니까. 무엇보다 내가 가장 좋아하는 건 바로 '희망'이니까. 그러나 혼자 있으면 그 생각이 채 10분을 못 가네요. 떨리는 손으로 어느새 나는 핸드백을 뒤져 약과 주사를 찾고 있어요.

무엇이 그토록 나를 괴롭혔던 걸까? 돌아보니 그래요, 나를 가장 괴롭힌 건 결국 되돌아갈 곳이 없다는 절망감이었어요. 내 평생 그랬죠. 아프면 달려가 마음껏 울어도 되는 고향 같은 품이, 내가 무슨 짓을 해도 나를 용서해주고 안아줄 절대적인 사랑을 받아 본 적이 없었기에 난 늘 불안했던 거예요. 드넓은 바다 같은 사랑이 너무나도 너무나도 그리웠어요. 그래서 사랑을 잃을 때마다 그토록 무너져야 했던 건가 봐요. 내가 이룬 모든 성공도 어쩔 수 없는 외로움을 달래주진 못한 거예요.

그렇더라도 나는 다시 살고 싶어요. 다시 언제나처럼 웃고 싶어요. 그럴 수 있을 거라고 믿어요. 한없이 약한 나지만, 그 숱한 상처들을 견뎌온 나잖아요. 그렇죠? 해낼 수 있겠죠?

그런데 왜 이럴까요? 너무나……, 피곤해요. 내 안의 모든 에너지가 다 사라진 느낌이에요. 손가락 하나조차 들 힘이 없어요. 그래도, 이 말은, 이 말 한마디는 오늘 꼭 당신한테 해야 할 것만 같네요.

내 지난 삶에서 가장 잘한 게 있다면 그건, 언젠가 잠시나마 당신을 행복하게 해 줬던 일일 거예요. 그때의 나는 그 누구도 아닌 온전히 나 자신이었어요.

이제 그만 쉬고 싶어요. 안녕……. 우리 또 만날 수 있겠죠?

그남자 이야기

어쩌면 이 꽃이 마지막이 될지도 모르겠소. 당신은 언제나 너무나 아름다운 그 모습 그대로지만, 보다시피 나도 많이 늙었거든. 이제 가야 할 때가 되지 않았나 싶어.

미안하오, 미안하고 미안하오.

당신에게 오면 늘 이 말만 하게 되는군. 해도 해도 부족한 말이지만······.

당신을 그렇게 보낸 후 오랜 세월을 자책 속에서 살았소. 왜 나는 당신의 죽음을 막을 수 없었던 말인가, 왜 난 당신의 가슴 깊은 곳의 그늘과 아픔을 안아주지 못했나, 왜 나는 그때 그런 식으로밖에 당신을 사랑할 수 없었나. 뒤늦게 허망한 질문을 수백, 수천 번 해야 했지. 당신이 내 평생의 사랑이란 걸 뼈아프게 절감하면서. 인간이란 원래 그렇게 어리석은 존재인가 보오. 모든 걸 잃고 난 다음에야 소중한 것이 무엇이었는지를 깨닫는.

수십 년 동안 당신 꿈을 꿨소. 그때마다 당신은 늘 고통스런 모습이었어. 한번만, 단 한번만이라도 꿈속에서 내게 잘 있다고 인사하는 당신을, 이제는 아프지 않다며 행복하게 웃는 당신을 보고 싶었건만, 당신은 언제나 가슴 아픈 모습으로 내게 나타났지. 침대 밑에서 웅크리고 울고 있거나, 한없이 비틀거리며 걷고 있거나, 고통스럽게 울부짖거나 홀로 부들부들 떨면서. 그 모습이 너무 애처로워서 잠에서 깨고 나면 한참을 흐느껴야 했어. 그러고는 그렇게 안타까운 모습이라도 좋으니 제발 다시 내 앞에 돌아와 달라고 울부짖었지.

그리움이라는 게 그렇더군. 기억은 희미해져도 사무치는 감정은 옅어지지가 않아. 아마도, 원 없이 당신에게 사랑을 주지 못해서겠지. 그때 만약, 내가 그토록 화를 내지 않았다면, 겁에 질린 당신을 그렇게 거칠게 몰아세우지만 않았다면, 우리…… 행복한 노부부가 될 수도 있지 않았을까?

그날, 당신은 너무나 아름다웠어. 〈7년만의 외출〉의 그 유명한 장면, 지하철 환풍기 아래서 바람에 날리는 치마를 어찌지 못해 두 손으로 올라가는 치마를 내리려고 애쓰던 그 장면 있잖소. 하얀 색 홀터넥 드레스를 입은 당신은 한 송이 수선화 같았소. 이 세상 사람 같지가 않았지, 마치 여신 같았어. 그 눈부신 여인이 나의 신부였던 거야.

그런데 당신은 나만의 여인이 아니었어. 만인의 연인이었지. 나는 화가 났어. 남자들이 당신을 욕망의 대상으로 여기는 데도 환하게 웃는 당신을 이해할 수 없었지. 얇디얇은 원피스를 입고 지하철 환풍기 앞에 서는 순간, 셀 수 없이 수많은 사람들이 당신을 보기 위해 몰려들었고, 저급하게 휘파람을 불었어. 그래도 당신은 꿈을 꾸는 듯한 표정이었지. 아니 당신은 그래야만 했어. 그게 당신의 역할이었으니까. 그런 당신을 보며 자신들끼리 수군거리며 이상한 눈빛으로 웃는 인간들도 있었어. 참을 수가 없었어. 그들 자신만의 상상으로, 자신이 원하는 대로 당신을 상상하는 모습에 난 분노했지. 남자로서, 당신의 남편으로서 너무나 자괴감이 들었지. 당신이 영화 일을 그만두길 바란 건 그런 이유였지.

당신을 돈벌이 수단으로 생각하는 연예계 인간들한테도 화가 났소. 언젠가는 그들이 당신의 순수한 영혼을 다 앗아가 버릴 것만 같았으니까. 그들은 어떻게 하면 당신을 멍청한 백치 금발의 웃음거리로 만들까만을 생각하는 것 같았어. 그렇더라도 당신한테 그러면 안 되는 거였는데.

나는 날마다 강요했지. 이제 제발 그 바보 같은 연기 좀 집어치우라고. 그게 얼마나 당신을 괴롭히는 일인지도 모르고, 그저 내 행복과 내 욕심만을 강요했던 거야. 거기까지 오기 위해서 당신이 얼마나 치열하고 힘겨운 시간을 보냈는지는 생각하지 않았어. 연기를 하면서 스스로의 존재감이나 인생의 의의를 찾을 수도 있다는 생각은 더더욱 못했지. 그저 난 날 위해 당신의 것을 포기하지 않는다고만 여겼어. 한심한 내게 한 친구가 그런 얘길 했지. 내가 그토록 바라던 '56경기 연속 안타'라는 대기록을 앞두고 있는데, 마지막 경기를 앞두고 아내가 자신을 위해 그 경기를 포기하라고 하면 어쩌겠냐고. 어리석은 나는 그 얘길 듣고도 당신의 입장에 내 입장을 대입하지 못했지. 아니 하지 않았어. 당신 자신이 되어 당신이 원하고 행복하게 느끼는 게 무엇인지를 알았어야 했는데, 그게 바로 사랑인데, 이 못난 남자는 사랑하는 법을 몰랐던 거요.

내 욕심 때문에 당신을 괴롭혔지만, 한편으론 걱정스런 마음도 있었소. 인기가 높아질수록 대중의 사랑에 도취되는 당신을 보면서 안타까웠던 거지. 명성이란 게 얼마나 허망한 것인지, 대중의 사랑이란 게 얼마나 변덕스러운 것인지, 경험해왔으니까. 그리고 평범한 인생을 누릴 수 없다는 것 자체가 얼마나 불행인지를 나는 이미 느끼고 있었으니까 말이오.

그건 다 쓸데없는 변명일지도 모르지. 그때 나는 당신을 질투하고 있었으니까. 사람들은 어느 때부터 당신을 나의 아내라고 말하는 대신, 나를 당신의 남편이라고 부르기 시작했어. 오랫동안 어느 장소에서든 주인공 대접을 받아왔던 난 받아들이기가 힘이 들었소. 바보 같은 자존심에 무너진 나는 점점 어둠 속으로 걸어 들어가는 당신의 내면을 보려고도 하지 않았지. 자꾸 멀어지려는 당신을 붙잡고 싶은 마음과 사랑하는 여인의 마음 하나 제대로 잡지 못하는 나 자신에게 실망하고 분개하던 나는 결국 그 모든 화살을 당신에게 돌렸고, 마침내 폭력까지 휘두르고 말았어. 나 자신이 만약 그때의 나란 놈의 아내였다고 하더라도, 나 또한 당신처럼 이혼했을 거요. 그 뒤로 내가 얼마나 후회 속에서 살았는지, 또 뒤늦게라도 당신이 내게 돌아올 수 있는 기회를 만들기 위해 얼마나 애썼는지도 당신, 알고 있소?

어느 크리스마스 날, 포인트세티아를 당신에게 선물로 보내놓고는 당신의 전화를 하염없이 기다린 적이 있었지. 어쩌면 다시 관계를 만들어갈 수 있을지도 모른다는 희망, 아니면 좋은 친구라도 될 수 있을 거라는 소박한 바람에 설레던 그날, 드디어 당신한테서 전화가 왔지. 선물의 의미를 묻던 당신에게 조금 더 로맨틱하게 말했으면 좋았을 걸. 그때 난 또 버릇처럼 무뚝뚝하게 당신한테 나 말고 또 누가 있나, 참 멋없게도 말했지. 실은 그때 난 이 얘기를 하고 싶었소.

내게는 오직 당신뿐이라고. 지금부터라도 당신을 지키고 아껴주고 싶다고. 이제는 내 방식이 아닌 당신의 방식으로 당신을 사랑하고 싶다고…….

그때 이후로 그래도 우리, 꽤 좋은 친구였지. 그러나 내 그런 작은 노력들로는 당신이 무너져가는 걸 막을 수 없었나 보오.

나와 이혼하고 신음하다 새로운 사랑을 찾아간 아서란 작자에게마저 상처 입은 뒤 만신창이가 된 당신은 결국 정신병원까지 들어가게 됐지. 어이없는 건 제 발로 찾아간 그곳에서 당신은 치료를 받기는커녕 수감자가 되어 지옥 같은 감금 생활을 해야 했다는 거야. 당신은 내게 구조를 요청했고, 병원으로 달려간 나는 당신을 내놓지 않겠다는 그 인간들에게 경고했어. 당신을 내놓지 않으면 병원 벽돌 하나하나를 다 부숴버리겠다고.

당신이 내게 전화를 해주었을 땐 실은 반가운 마음이 먼저였소. 그러나 그 말도 안 되는 병원에서 부서질 것 같은 연약한 몸과 창백하고 파리한 얼굴을 내게 기대왔을 때 내 가슴은 산산조각 나서 부서지는 것만 같았어. 내 이기심이 당신을 이렇게 만든 것일까? 이렇게 한없이 약한 당신한테 내가 무슨 짓을 한 것일까?

병원에서 나온 후 내 아파트에서 지내던 그 몇 주 동안, 정신적으로 위태로운 당신을 눈으로 확인하면서 진심으로 당신을 지켜 줘야 한다고 마음먹었소. 당신은 너무나 말라 있었고, 심하게 예민 하고 초조했고, 건드리면 먼지처럼 가라앉을 것만 같았지. 당신은 누군가 늘 쫓아온다고도 했고, 누가 늘 바라보는 것 같다고 무서워 했지. 일거수일투족이 사람들 입에 오르며, 많은 사랑만큼이나 비난과 비방을 견뎌야 하던 당신이니 그럴 만도 했을 거요.

그러나 그놈의 망할 소유욕 때문에 당신에게 또 마음처럼 잘 해주질 못했어. 당신이 세상 밖으로 나와 사람들을 향해 미소 짓는 순간, 당신이 나만의 여인이 될 수 없다는 것에 또다시 실망했지. 그렇지만 나는 당신이 행복해지는 걸 도와주고 싶었소. 이번엔 제대로 해내고 싶었지. 결국 나는 해내지 못했지만, 그 마음만은 진심이었다는 걸 당신은 알고 있을까?

그때 당신은 깊어가는 마음의 병을 어떻게든 낫게 하려고 정신과 의사들에게 많이 의존했어. 그 중에 한 의사에겐 아버지처럼 기댔지. 잃어버린 아버지를 대하듯 애틋한 눈으로 그를 바라보고, 그의 가족들을 마치 되찾은 가족처럼 대했어. 그 모습에 얼마나 한없는 슬픔을 느꼈는지 모른다오. 당신은 결국 사랑을 원했던 거야. 그 어떤 일이 있어도, 자신을 배신하지 않을 가족의 사랑, 그 탄탄하고 안정되고 따뜻한 보금자리를.

나를 용서하오. 당신의 둥지가 되어주지 못한 이 못난 남자를. 나는 미친 듯이 질주하는 차의 보조석에 앉아있는 것만 같았어. 운전대를 잡은 게 내가 아니기에 이대로 가다간 사고가 나고 차가 박살날 걸 뻔히 알면서도 그 재앙을 막을 방법이 아무것도 없다는 절망감에 사로잡혀 있었어. 어디서부터 어떻게 무엇을 해야 할지 너무나 어렵게만 느껴졌소.

그저 사랑만이 당신을 치유할 수 있는 유일한 길이었다는 조금만 빨리 알았더라면, 나는 이토록 평생을 후회 속에서 살지 않았을 텐데. 몹쓸 인간들이 사랑의 갈증에 허덕이며 아파하는 당신의 상처에 소금을 뿌리고 문지르게 하는 일도 없었겠지. 그러나 이 얼마나 덧없고 부질없는 후회란 말이오.

이별이 감당할 수 없도록 슬픈 건, 상대를 미치도록 보고 싶어서가 아니었어. 그를 만질 수가 없어서가 아니었어. 그건, 더 이상 아무것도 해줄 수 없기 때문이었소. 나는 더 이상 당신을 지킬 수도 없고, 당신을 웃게 할 수도 없고, 술 취한 목소리로 나를 부르는 당신에게 달려갈 수도 없지. 과거도 미래도 아닌 '지금 이 순간'을 살고 싶었던 당신의 곁에 있어줄 수도 없고, 당신에겐 여전히 내가 있다고 말할 수도 없지. 신음하는 당신 곁에서 당신의 고통을 나눠 가질 수 있다면 무엇이라도 하고 싶다고 말할 수도 없소. 더는 아무엇도 해줄 수가 없었어. 그것이 사는 내내 너무나 아팠소. 그래서 나는 내내 '현재'를 살지 못하고 '과거'를 살았지. 우리가 사랑했던 지난 날을, 함께 웃던 그날들을, 당신을 처음 보던 그날을 떠올리고 떠올리면서…….

한 방송국 옆 카페에서 멀리서 당신을 처음 보던 그날, 나는 당신이 내 인생의 주인공이 될 거라는 걸 예감했소. 한번 보면 잊을 수 없을 정도로 환한 당신에게 한눈에 빠지고 말았지. 그날 한두 마디 인사만 나눈 뒤 당신을 돌려보낸 걸 두고두고 후회했소. 한동안 잊고 지내던 당신을 사진 속에서 발견한 건 2년 뒤였어. 유니폼을 입고 배팅 포즈를 취하고 있는 당신의 사진은 내게 꼭 이렇게 말하고 있는 것 같았어.

나는 당신의 연인이 되고 싶어요.

그때, 더는 놓칠 수 없다는 생각을 했다고 당신에게 말한 적이 있었나? 당신이 첫 만남으로 기억하는 그날은 실은 두 번째 만남이었지. 그날 당신은 흰색 블라우스에 파란색 치마를 입고 왔지. 당신이 걸어오던 그 순간, 그곳에 있던 모든 사람들이 당신을 쳐다봤던 것도 기억이 나오. 그런 당신이 반짝이는 미소로 나를 보며 다가오는 순간, 나는 붉게 달아오른 얼굴을 들킬까 봐 고개를 숙였고, 함께 있는 내내 술잔에 비친 당신 얼굴만 바라봤지. 그날, 난 당신을 근사한 곳에 데려가지도 못한 채 갈 데도 없는 베벌리힐스로 드라이브 가자고 제안했지. 그저 어떻게든 같이 있고 싶은 마음에 동네를 돌고 또 돌고, 그래도 지루한 줄을 몰랐어. 아름답지만 오만하지 않았고, 주목받는 여배우였지만 더없이 소탈하고, 거친 연예계에 있으면서도 천진한 매력을 잃지 않은 당신에게 완벽하게 빠져버린 거였어. 당신을 본 그 이후로 그 어떤 여인도 원하게 될 것 같지 않았소. 그리고 그건 내 예감이 맞았지.

당신과 결혼하던 그날, 간단한 예식이었지만 그 짧은 몇 분의 영상이 살면서 수없이 머릿속에서 되풀이되곤 했어. 화려한 드레스를 입지 않아도, 눈꽃처럼 빛나던 당신의 모습을 어떻게 잊을 수가 있겠소? 당신, 혹시 예식을 마치고 내게 한 말을 기억하오?

혹시라도 내가 먼저 죽거든, 잊지 않고 묘지에 매주 꽃을 갖다 줄 수 있겠어요?

당신은 비극을 미리 예감했던 걸까? 그날 결혼식에서 당신을 행복하게 해주겠다고, 무슨 일이 있어도 함께하겠다고 다짐했는데,

내가 지킨 약속이라고는 평생 묘지에 꽃을 갖다 주겠다는 이 약속 한 가지뿐이었구려.

그렇게 살고 싶어 한 당신인데, 처절한 불행에 온몸으로 싸우며 인생을 개척한 당신인데, 자신이 가장 좋아하는 단어는 바로 '희망'이라며 해맑게 웃던 당신인데……. 당신의 영혼이 심연으로 떨어지는 동안 나는 무엇을 했던 걸까? 언젠가 내 품에서 흐릿한 눈으로 당신은 물었지. 나는 누구일까요?

당신은…… 남들보다 더 강하고, 더 약하고, 더 외롭고, 더 아름다운 사람이었소.

그런 당신이 그토록 빨리 갔는데, 난 참 오래도 살았네. 이제 곧 나도 그곳으로 가겠지? 당신 덕분에 죽음이 하나도 두렵지가 않소, 나쁘지가 않아. 그곳에 가면 그토록 그리워하던 당신을 볼 수 있을 테니까. 오늘 밤 혹시 내게 올 수 있다면, 마르지 못한 눈물이 고인 눈이 아닌, 그때 우리 처음 만나던 그날처럼, 행복한 눈으로 나를 바라보며 환하게 웃어줄 수 있겠소?

사랑하오, 당신. 사랑하고 사랑하오.

그 여자
마릴린 먼로
Marilyn Monroe 1926~1962

본명은 노마 진 모텐슨 Norma Jean Mortenson. 그녀의 어린 시절은 불우했다. 생모는 그녀를 뱃속에 가진 상태에서 이혼했고, 딸이 태어나자마자 경제적 어려움을 이유로 12일 만에 다른 집에 입양 보냈다. 그녀가 일곱 살이 되던 해 생모가 다시 그녀를 데리러 왔지만 곧 정신분열증으로 병원에 입원하는 엄마를 떨면서 바라봐야 했다. 이후로 그녀는 오랜 시간 고아원과 입양 생활을 반복했으며 훗날 이 시절에 성폭행을 당했다고 아픈 과거를 털어놓기도 했다. 보호자 없이 자란 그녀는 겨우 열여섯의 나이에 보호자를 갖기 위해 스물한 살의 남자와 결혼했다. 남편이 해병대에 입대한 후엔 생계를 위해 군수공장에서 일했다.

운명은 이때 그녀를 배우로 만들어주었다. 마침 젊은 여성 노동자를 찍으러 왔던 한 사진작가의 눈에 들면서 모델의 길에 들어선 것. 이후 20세기폭스사에 발탁되면서 이름을 '마릴린 먼로'로 바꾸고 배우로 거듭난다. 베티 데이비스 주연의 영화 〈이브의 모든 것〉에 단 두 장면이 나오는 단역을 맡았으나 영화를 본 사람들은 모두 관능미와 천진함을 모두 갖춘 금발의 여배우를 기억했다. 이후 〈나이아가라〉, 〈신사는 금발을 좋아한다〉 등의 영화에서 그녀 특유의 매력을 발산하며 만인의 연인으로 떠올랐다. 〈7년 만의 외출〉은 영화사에서 가장 유명한 명장면을 선물했고, 〈버스 정류장〉은 그녀 연기 인생 최고의 평가를 받게 해주었다.

섹스 심벌, 백치미라는 이미지와 다르게, 그녀는 끊임없이 자신을 혁신하려던 열정의 배우였다. 영화사에서 끊임없이 비슷비슷한 금발의 백치미 이미지만을 강요하며 부당하게 대우하자, 스스로 영화사를 만들어 독립하기도 했다. 배우 생활 내내 당대 유명한 연기코치들로부터 연기를 배우며 끊임없이 노력한 그녀는 할리우드 관계자들에게 자주 말했다. 배우는 기계가 아니라 창조하는 예술가라고.

영화 속에서 그녀는 한없이 행복하게 웃었지만 현실의 그녀는 불행했다. 유전으로 내려온 정신분열증과 내내 싸워야 했고, 야구선수 조 디마지오, 작가 아서 밀러와의 결혼도 실패로 돌아갔다.

1962년, 자신의 집 거실에서 시체로 발견된 그녀. 수많은 사람이 사랑하던 만인의 연인이 마지막으로 잠든 집은 믿을 수 없을 정도로 작고 초라했다. 그녀의 집은 어린 시절 불우하게 자랐던 집보다 크지 않았다. 그녀를 부검한 의사는 사인을 약물과다복용이라고 밝혔다. 죽기 얼마 전, 그녀가 쓴 메모에는 화려한 외모 뒤에 감춰진 외로운 내면이 담겨 있다.

"나는 두 갈래로 나뉜 곳에 서 있다. 강추위 속에서도 쓰러지지 않는다. 모진 바람을 견뎌내는 거미집만큼 강하다. 불안하게 매달려 있지만 어쨌든 견뎌내는 거미줄. 언젠가 그림에서 본 색깔을 띤 구슬 같은 빛. 아아, 삶이여, 그들은 너를 속여 왔다."

그 남자
조 디마지오
Joseph Paul Dimaggio 1914~1999

헤밍웨이의 소설 《노인과 바다》를 보면 대어를 만난 어부 산타아고 노인이 이런 다짐을 한다. "위대한 디마지오처럼, 발뒤꿈치 뼈를 다쳐 몹시 고통스러운데도 모든 플레이를 완벽하게 해낸 그 훌륭한 선수처럼, 나도 훌륭하게 해내야 한다." 여기서 나오는 디마지오는 메이저 리그의 전설, 조 디마지오가 맞다. 실제로 어부의 아들로 태어난 그는 비린 냄새를 견딜 수 없어 형을 따라 야구를 시작했다가 미국인의 영웅이 됐다. 미국인들이 대공황의 여파와 제 2차 세계대전으로 신음하던 시절 그는 무려 56경기에서 연속 안타를 치는 대기록을 세우며 사람들에게 꿈과 희망을 선물했다. 그 당시 사람들의 인사는 "오늘도 디마지오가 안타를 쳤답니까?"였다. 가수 폴 사이먼은 훗날 '미세스 로빈슨Mrs. Robinson'이란 노래에서 "디마지오여 어디에 있는가. 온 국민이 당신을 그리워하고 있는데"라며 그를 추모했다.

사람들이 그를 사랑하는 이유는 놀라운 연속 안타 기록이나 아메리칸 리그 MVP를 세 번이나 수상한 이력 때문은 아닐 것이다. 그는 경기장 안에서 한번도 얼굴을 붉히지 않았을 정도로 신사였고, 항상 팬들을 성심성의껏 대했다. 운동자 밖에서의 사생활도 잡음 없이 깨끗했다. 마릴린 먼로에 대한 순정 또한 사람들에게 감동을 줬다. 그는 먼로의 사후, 그가 세상을 떠나기 전까지 그녀의 무덤에 꽃을 바쳤고 평생 홀로 살았다. 여든다섯, 세상을 떠나기 전 그의 마지막 말은 이것이었다.

"죽는 것도 나쁘지 않군, 이제 곧 먼로를 볼 수 있으니."

그남자이야기

전 나이가 들었고 쓸모없는 늙은이지만 아직 사랑의 기억은 남아 있습니다. 뚜렷이 그대로 선명하게 남아 있어요. 그 기억은 백열 살이 돼도 그대로 일 겁니다.

영화 〈초대받지 않은 손님〉에 나오는 이 대사는 실은 그녀에게 하고 싶은 말이었습니다. 이 영화 속 많은 대사들이 실은 내 마음

한 발짝 물러나
그대를 사랑하다

이었습니다. 이 대사 또한 그랬죠.

상상도 못한 문제들을 만나게 되겠지만, 그 어려움을 이겨야 해. 죽을 때까지 날마다 시달려야 할지도 모르지. 그들을 무시해도 좋고 편협한 그 사람들을 동정해도 좋네. 그들의 맹목적인 증오와 어리석은 두려움보다 중요한 건 둘이 흔들림 없이 서로를 붙잡아 주면서 그런 자들의 편견을 무시해주는 걸세. 누구든지 둘의 결합을 반대할 수 있을 거야. 이유가 너무 분명하니까 설명할 필요도 없지. 하지만 둘 다 훌륭한 사람들이고 서로를 사랑해.

캐서린 헵번과 스펜서 트레이시

어떤 이가 둘의 사랑을 비난한다고 해도 상관없어. 큰 비극이 일어나서는 안 되니까. 그 비극은 바로 두 사람의 감정이 얼마나 진지한지 알면서 얼마나 서로 사랑하는지 알면서도 서로를 떠나는 것이지.

백인인 딸과 흑인인 남자친구의 결혼을 허락하면서 한 대사였지만, 내게는 마치 우리 사랑에 대한 아름다운 변론으로 들렸습니다. 그 말은 우리 자신과 사람들에게 무척이나 하고 싶었던 이야기였으니까요. 그 장면을 촬영하던 순간, 카메라 속 그녀의 눈엔 눈물이 가득했습니다. 사람들은 그것이 뛰어난 여배우인 그녀의 진실한 연기라고 생각했겠지만, 나는 알고 있었습니다. 그 눈물에 담긴 사랑의 회한과 애틋한 추억을. 숱한 영화를 찍으며 살아왔지만 그날만큼은 영화를 위해서 연기한 것이 아니었는지도 모릅니다. 그 순간, 그 감정, 그 대사들은 긴 세월 지켜 온 사랑에 대한 우리의 오랜 진심이었으니까요.

27년 전, 한 촬영장에서 그녀를 처음 만났습니다. 그녀와 나는 〈올해의 여성〉이라는 영화의 남녀주인공이었죠. 당시 많은 영화 관계자들은 우리 사이를 무척 염려했습니다. 살아온 배경부터 성격, 연기 스타일까지 무엇 하나 비슷한 게 없는 우리였기에 당연히

물과 기름처럼 섞이지 않을 거라고 생각한 거죠.

　나란 사람은 내가 살아온 인생처럼 거칠고 투박했습니다. 어린 시절엔 열두 번이나 퇴학당할 정도로 세상에 반항적이었고, 영화판에 뛰어들고 나서는 폭음을 하고 경찰서 신세를 진 적도 많았죠. 경쟁 배우들과도 신경전을 벌이는 일이 많아 영화사 사람들을 늘 긴장시켰습니다.

　평탄하지 않던 삶 속에서 필사적으로 몸부림치며 나를 단련시켜온 것과 달리, 그녀는 언제나 꼿꼿한 자세로 바른 길을 걸어온 사람 같았습니다. 좋은 집안과 자유로운 분위기에서 자라나 명문대를 나온 그녀에게 '방황'이란 단어는 어울리지 않았죠. 자아가 강한 똑똑한 배우, 그것이 그녀의 이미지였습니다.

　그즈음의 그녀는 이전의 여배우들과는 다른 강하고 도전적인 여성상을 만들며 오스카상까지 거머쥔 실력파 연기자로 찬사를 받았지만, 항간에는 그녀를 비난하는 사람 또한 많았습니다. 자기주장이 강해서 오만한 인상을 풍기는 데다가 자신이 원하지 않으면 인터뷰나 사진 촬영을 거부하는 일도 많았기에 가까이 하기 힘든 까다로운 여배우로 알려져 있었죠. 처음엔 나도 촬영이 꽤 피곤하겠군, 하는 생각을 하지 않았던 건 아닙니다. 하지만 함께 작업하면서 스크린 속 강단 있는 그녀의 모습이 현실에서도 다르지 않다는 걸 확인하는 일은 의외로 흥미로웠습니다.

  나는 추운 겨울과 찌는 듯한 여름이 좋다, 어정쩡한 봄과 가을은 싫다, 이렇듯 호오가 분명한 그녀가 재밌었습니다. 강한 개성 때문에 할리우드에서 나와 마찬가지로 괴짜로 통한다는 동질감도 나쁘지 않았습니다. 무엇보다 마음에 든 건 세상과 비굴하게 타협하는 일이 없을 것 같은 그녀의 강직함이었습니다. 그러면서 생각했죠. 어쩌면 우린 같은 부류의 사람일 수 있다고.

  나 자신도 모르게 호감을 갖고 있었지만, 강한 성격을 가진 우리는 사람들이 예상한 것처럼 촬영장에서 신경전을 벌이고 티격태격했습니다. 스크린 속에서 우리가 맡은 배역 또한 그렇게 서로의 주장을 내세우며 언쟁을 벌이는 역할이 많았죠. 하지만 결론은 마지막에 늘 사랑에 빠지는 것이었습니다. 그리고 어느새 나를 향해 빳빳이 고개를 들며 도도하게 얘기하던 그녀를, 자신에 대한 자부심으로 팽팽한 그녀를, 당당하고 자유로운 그녀를, 영화에서처럼 자꾸 바라보고 있었습니다.

  자신을 믿고 아끼는 고고한 그녀의 자부심 때문이었을까요? 툭 튀어나온 광대뼈조차도 그녀만의 아름다움으로 여겨졌습니다. 깡마른 데다 훌쩍 큰 키에 셔츠와 헐렁한 바지를 걸치고 굽 낮은 구두를 신던 그녀는 화려한 드레스와 밍크 코트로 치장한 여느 여배우보다 돋보였습니다. 오랜 시간 할리우드에서 일하면서도 이곳 특유의 허영에 물들지 않은 그녀는 기품이 있었습니다.

어느날, 얘기를 나누다 남자처럼 도전적인 삶을 살려는 배경에 친오빠의 자살을 목격한 어두운 아픔이 있다는 걸 알고 나서는 그녀가 인간적으로 느껴졌습니다. 오빠에 대한 죄책감으로 그의 인생을 대신하고 싶은 마음과 상처를 극복하려는 마음이 그녀를 그토록 치열하게 만들었다고 생각하자 그녀의 어깨를 다독이고 싶어졌습니다. 진지하고 열정적으로 자신의 삶을 일구는 그녀를 보고 있으면 정신적으로 충만했습니다. 그렇게 조금씩, 그녀에게 마음을 열고 있었습니다.

그러나 이미 난 결혼한 몸이었습니다. 그리고 내겐 청각장애가 있는 아이가 있었죠. 아이는 나를 살게 하는 이유이자 버팀목이었지만, 또한 아프고 무거운 책임감을 느끼게 하는 존재였습니다. 삶의 무게 때문이었을까요? 우리 부부는 언젠가부터 멀어져버렸지만, 아이의 엄마인 아내에게 또 다른 시련을 안겨주고 싶지는 않았습니다.

그런 마음을 그녀는 이해했습니다. 결혼에 한 번 실패한 그녀는 서로의 곁에 가까이 머무는 것으로 만족한다며 나를 위로했습니다. 함께 일하고 시간을 보내다가도, 금요일이면 어김없이 언제나 아내와 아이들이 있는 집으로 돌아갔습니다. 나의 이런 이기심에 한숨을 내쉬면서도 그녀를 떠나보낼 수가 없었습니다. 그녀는 무거운 의무감과 책임감에 짓눌려 흔들리는 내게 유일한 숨통이었고 자유였습니다. 이런 나인데도, 그녀에게 뒷모습이나 보여주는 남자인데도 그녀는 돌아서는 나에게 이런 말을 해주었습니다.

이렇게 떨어져 지내며 가끔 서로를 돌보는 관계야말로 이상적인 연인이에요. 난 괜찮으니, 내 걱정은 말아요.

그러면서 그녀는 웃었습니다. 아니 실은 울고 있었습니다. 밝게 웃는 그녀의 눈가에 고인 눈물을 나는 보고 있었습니다. 그러나 모른 척했습니다. 그 눈물을 차마 닦아주지도 못했습니다. 눈물조차도 함부로 떨어뜨리지 못하는 그녀의 사랑이 너무나 가슴 저려서.
 이런 저런 현실에 치여 마음이 괴로운 날이면 폭음으로 어지러운 마음을 달랬습니다. 그렇게 몸을 혹사시켜서라도 죄책감을 털어버리고 싶었죠. 그런 나를 바라보는 그녀의 마음은 얼마나 무거웠을까요? 어느 날 아침인가, 내가 묵던 호텔 복도에서 웅크린 채 잠든 그녀를 발견한 적이 있습니다. 전날 만취한 내가 문을 잠그고 들어가 버리자 걱정이 돼서 내 곁을 떠나지 못한 채 밤을 새우다 잠이 든 거였죠. 세상 앞에선 한없이 강하고 당당했지만, 사랑 앞에선 한없이 지고지순하던 그녀는 언제나 그렇게 한결같은 모습으로 나만을 바라봐줬습니다. 내게 그 어떤 것도 요구한 적도 없었죠. 고집불통에다 무뚝뚝하고 거칠기만 한 못난 남자에게 자신의 인생을 기꺼이 양보했고 희생했습니다.

세상 앞에서 마음껏 사랑할 수는 없었지만, 다행히도 우리는 촬영장에서 만날 수 있었고, 그 안에서 현실과 영화를 오가는 사랑을 나누었습니다. 늘 설전을 벌이던 기자 커플로, 티격태격하는 변호사 부부로, 우아한 체조 선수와 매니저로, 스크린 안에서만큼은 세상이 다 아는 멋진 연인이었습니다.

그 중에 〈초대 받지 않은 손님〉이란 영화를 오래도록 잊지 못할 것 같습니다. 이 영화 속에서 우린 나이 지긋한 부부로 나왔습니다. 오랜 세월의 풍파를 함께 겪은 뒤 사랑하는 딸의 결혼을 아름답게 축복하는 노부부의 모습은 그녀와 내가 그토록 꿈꾸던 삶이었습니다. 그러나 우리는 서로의 주름과 머리 위에 내려앉은 흰 눈을 미더운 눈으로 바라보는 부부가 되지는 못했습니다. 그 회한을 왜 내가 모르겠습니까?

더욱 아쉬운 것은 27년이란 긴 시간 동안 한번도 그녀에게 사랑한다고 말하지 못한 것입니다. 차마 그녀에게 사랑한다는 말을 할 수 없었던 것은, 그 말의 무거운 책임감을 잘 알고 있었기 때문입니다. 온전한 행복을 그녀에게 다 주지 못했다고 생각했기에, 감히 그녀를 사랑한다고 말할 수가 없었습니다.

그렇더라도 그녀는 알고 있었을까요? 내 생애 가장 하고 싶었던 말은, 그 누구보다 세상을 향해 큰소리로 하고 싶었던 말은 바로 이 말이었다는 걸.

당신을 사랑합니다.

그 여자 이야기

내 나이 아흔여섯입니다. 긴 세월 동안 꽤 많은 영화를 찍었죠. 사람들은 종종 내게 물었어요. 그 중에 어떤 영화를 가장 아끼고 사랑하느냐고. 그때마다 대답할 수가 없었습니다. 그 영화의 이름을 말하는 순간 저 가슴 밑바닥에서 일렁이는 사랑의 파도가 다시 나를 휘저을까 봐, 내 생애 가장 아름답고 슬펐던 그 순간으로 돌아갈까 봐.

내가 가장 사랑한 영화는 그의 유작이자, 그와 내가 마지막으로 함께 찍은 〈초대받지 않은 손님〉이었습니다. 하지만 1967년 이후로 그 영화를 다시 본 적은 없습니다. 아니 볼 수가 없었죠. 그 영화를 찍은 후 2주 만에, 그는 내 곁을 떠났으니까요.

그때는 그것이 마지막인 줄 짐작조차 못했지만, 영화를 찍는 내내 나는 참으로 행복했습니다. 영화 촬영장에서만큼은, 카메라가 돌아가는 시간만큼은 그와 나는 진짜 부부였습니다. 우리는 사랑하는 딸이 있었고, 함께 늙어가며 그 아이가 훌륭하게 자란 걸 뿌듯해했고, 딸의 사랑을 축복하며 서로를 가장 아끼는 눈으로 바라봤죠. 영화의 엔딩 장면 찍던 날, 그가 나를 보며 연기한 대사는 마치 나를 향한 사랑 고백 같았고, 우리 사랑에 대한 영원한 다짐 같았습니다.

우리의 주변 시선보다 더욱 중요한 것은 서로 간의 사랑입니다. 백열 살이 돼도, 당신을 사랑했던 기억은 잊지 못할 겁니다.

나는 그가 연기하고 있는 게 아니라는 걸 알았어요. 나를 보던 그 눈엔 미안함과 애틋함과 고마움이 섞여 있었죠. 그 진심이 고마워서, 너무 행복해서 눈물이 났습니다. 살면서 가끔 그가 내게 그 영화를 마지막 선물로 준 건 아닐까, 하는 생각을 했어요. 한번도 말은 안했지만, 마음에서 수천 번 상상했을 우리의 모습을 그 영화 속에서 재현할 수 있었으니까요. 그러나 차마 그 영화를 다시 볼 용기가 내게 없었습니다. 그 뜨겁고 먹먹한 감정을, 우리가 함께한 마지막 시간을, 죽음이 다가오고 있던 그의 마지막 모습을 다시 볼 자신이 없었습니다. 너무 아파서, 너무 사랑해서, 너무 그리워서.

그는 강인한 고난의 세월을 헤쳐 나가는 강한 남성의 대명사였습니다. 그의 초기 작품에선 쉽게 길들여지지 않는 야생마 같은 그를 볼 수 있죠. 그러나 그의 진가는 풍파를 겪은 사람만이 가질 수 있는 그윽한 인생의 깊이에 있었습니다. 주름진 나이가 됐을 때 그가 보여준 연기를 잊을 수가 없어요. 바다에서 사투를 벌이는 고독한 어부의 모습, 신뢰 그 자체인 신부님, 딸을 너무나 사랑하는 인자하고 따뜻한 아버지, 그가 만들어 낸 인물은 현실에서 막 튀어나온 사람처럼 인생 그 자체였고 자연스러웠습니다.

이 대단한 배우를 처음 본 건 〈올해의 여성〉이란 영화를 찍을 때였죠. 그가 내 상대역이란 얘길 들었을 때 솔직히, 올 것이 왔구나 하는 마음이었습니다. 차라리 부러질지언정 휘지 않는다는 그의 성격은 나보다 더 강하기로 소문난 지 오래였죠. 게다가 우린 그때 젊었고, 에너지가 넘쳤습니다. 고개를 숙이는 것보다 드는 것에 익숙한 우리 두 사람이었죠.

그를 만나러 가는 날, 불꽃 튀기는 접전이 되겠군, 하며 은근히 긴장하던 생각이 나네요. 그 모습을 감추려 일부러 그에게 도전적인 모습을 보인 것도 같아요. 안 그래도 큰 키가 더 커 보이도록 굽 높은 구두를 신고 가서는 고개를 빳빳이 세운 뒤 그를 내려다보며 말했죠. 당신, 나랑 연기하기엔 좀 작은 거 아닌가요? 만만하게 보이고 싶지 않았던 조금은 유치한 자존심은 몇 분 안 가 무너지고 말았습니다.

어이없게도 난 첫눈에 그에게 반해 버린 거예요. 여배우를 위해

주는 대신 경쟁자로 생각하며 거칠게 대하는 그가, 곧은 가지처럼 뻣뻣하기만 한 그가, 고집 세기로 소문난 할리우드의 괴짜가 왜 좋았던 걸까요? 뭐랄까, 그는 나를 압도했어요. 무척이나 지기 싫어하는 나였는데, 그 느낌이 이상하게 싫지 않더군요. 이제야 나를 상대할 사람을 만났다는 묘한 반가움으로 설레기까지 했으니까요. 모르겠어요. 그를 사랑하게 돼 버린 순간들을, 또 이유를 명확하게 설명하는 건 지금도 참 어려운 일이네요. 그런 걸 보면 사랑은 내가 선택할 수 있는 것이 아닌지도 몰라요. 사랑이 나를 선택하는 것일 뿐.

영화를 찍으며 우린 많은 시간을 함께 했죠. 그 시간을 통해 그의 진짜 모습을 알게 됐습니다. 그에겐 거친 길을 돌아오며 오래 방황한 사람만이 갖고 있는 인생에 대한 갈증과 깊이가 있었어요. 그것은 곧게 뻗은 길을 달려온 내가 갖지 못한 것이었죠. 강인한 의지로 헤쳐 온 세월의 비밀이 담겨 있을 것 같은 입매는 아름다웠어요. 어느 새 나는 우리의 영화처럼 그를 더욱 깊게 사랑하고 있었습니다.

그러나 그는 이미 다른 여인의 남편이었습니다. 게다가 그를 바라보는 사랑스러운 아이는 안타깝게도 장애를 갖고 있었죠. 힘겨운 고통 때문이었을까요? 그와 아내의 관계 또한 처음 각자의 자리에서 멀리 떠나온 상태였습니다. 그러나 단단한 껍질 속에 연약한 속내를 갖고 있었던 그는 누구보다 '인간'에게 약했고, 자신의 세월을 같이 한 가족에게 상처주는 것을 두려워했습니다. 그 때문에 그는 많이도 힘들어 했죠.

그런 그를 이해할 수 있었습니다. 그를 갖겠다는 내 바람 때문에 너무 많은 사람이 다치는 것을 원하지 않았습니다. 그 대신 그의 곁에 가까이 머물면서 친구처럼 오랜 시간을 함께 하기로 마음먹었죠. 내내 함께하다가도 주말이면 가족의 품으로 돌아가는 그에게 섭섭한 마음은 없었습니다. 다만, 어딘가 가슴 한구석에 아릿한 아픔이 있었던 건 사실입니다. 어쩔 수 없는 마음이었죠. 그럴수록 더 웃으면서 그를 보냈습니다. 이렇게 떨어져 지내기 때문에 우리는 서로를 더 그리워할 수 있는 거라고, 이런 관계야말로 결혼보다 더 이상적일 수 있다고 대범하고 똑똑한 척했습니다.

그러나 왜 없었겠어요? 온전히 그를 소유하고 싶은 마음이. 나의 사랑이 내 사람이 아니라는 현실에 절망하던 시간이.

만취한 그가 문을 잠그고 들어가 버린 뒤, 그가 걱정이 되어 호텔 복도에 웅크리고 앉아 밤을 새운 적도 있었습니다. 둘이면서도 혼자인 그 긴 밤을 차가운 복도에서 지새며, 그를 폭음에 시달리게 할 정도로 내 사랑이 그를 괴롭히는 것은 아닐까, 서러웠습니다. 그를 만나러 고객들이 타는 엘리베이터 대신 화물용 엘리베이터를 타야 했고, 그 안에서도 죄인처럼 고개를 숙였지요. 그럴 때면 씁쓸한 웃음이 나왔습니다.

  우리는 세상의 잣대로 보면 손가락질을 받을 만한 관계였습니다. 그런 현실에서 자유로웠던 것도 아니었죠. 그러나 중요한 것은 우리가 서로를 원하고 있다는 사실이었습니다. 그래서 나는 한 발짝 물러서는 일을 기꺼이 선택했습니다. 그가 아플 때면, 그의 아내에게 연락했고 그의 옆자리를 내주었습니다. 공식적인 자리에 나설 때도 당연히 그의 옆 사람은 아내였습니다. 나 때문에 더 단단해지면 단단해졌지, 흔들리는 그를 보고 싶지 않았습니다. 그에 대한 욕심으로 그가 살면서 지켜온 것들을 내 손으로 무너지게 하고 싶지 않았습니다.

  그러나 딱 한 번 견딜 수 없었던 순간이 있었습니다. 그가 세상을 떠나던 그 순간, 침대에서 잠시 쉬겠다며 누웠다가 갑자기 긴 숨을 들이마시더니 더 이상 숨을 쉬지 못하는 그를 참담하게 바라봐야 했던 그 믿지 못할 고통의 순간, 그의 곁에 내가 머문 시간은 고작 10분이었습니다. 그리고 터져 나오려는 울음을 온 힘을 다해 참으며 그녀에게 연락을 하고 사라졌습니다.

그의 장례식 날, 참석하지 않았습니다. 동료의 자격으로라도 그 자리에 설 수도 있었겠지만, 그의 아내에 대한 예의를 지켜주고 싶었습니다. 그 대신 홀로 떨어져 멀리서 조용히 그를 배웅했습니다. 이상하게 그를 보내면서도 눈물이 나지 않았습니다. 그저 내가 두 발을 딛고 서 있는 이 현실이 아득한 꿈만 같을 뿐. 서러운 울음을 토해낸 건, 그의 흔적이 남아있는 집으로 돌아왔을 때였습니다. 그가 앉던 의자에서 그의 카디건을 발견하고 나서야, 울음은 터져 나왔고 한참을 그렇게 그의 체취가 묻어 있는 옷자락을 부여잡고 일어나지 못했습니다.

그의 아내가 떠난 뒤에야, 나는 비밀에 싸여 있던 우리의 관계를 비로소 고백했습니다. 그것만은, 그것만큼은 그도 하늘에서 이해해줄 거라 믿었기 때문이죠.

두 번 다시 볼 수 없었던 그의 마지막 영화지만, 그가 한 대사, 그가 나를 바라봤던 눈빛은 평생 잊을 수 없어요. 내 나이 아흔여섯에도, 그때 그의 진심을 너무나 선명하게 기억하고 있습니다. 아마도 그의 말처럼, 내가 백열 살이 되어도 마찬가지겠죠. 사랑하는 동안, 나는 그를 완벽하게 소유하지는 못했습니다. 그러나 그의 사랑만큼은 온전히 내 것이었죠. 내게 가장 중요한 것을 얻기 위해 기꺼이 많은 것을 포기했습니다. 그것을 사람들은 희생이라고 말할지도 모르겠어요. 그러나 나는 그것을 희생이 아닌 사랑을 포기할 수 없었던 내 의지였다고 말하고 싶어요. 사랑을 위해 나를 바꾸고 기꺼이 나를 버리는 것. 그것이야말로 사랑의 자세라고 나는 생각했습니다. 그렇기 때문에 그를 사랑했던 나의 방식은 가장 나다웠다고 생각합니다.

한번도 그에게 사랑한다는 말을 들은 적이 없습니다. 장난으로라도 그는 내 귓속에 그 달콤한 고백을 전해주지 않았죠. 그러나 나는 그가 떠난 뒤 이렇게 할머니가 되어버린 후에도, 그가 하는 말을 여전히 듣고 있습니다.

당신을 사랑합니다.

그 남자
스펜서 트레이시
Spencer Tracy 1900~1967

연기 생활 초창기에 그는 옥중의 살인자라든지, 건달 같은 우락부락하고 난폭한 역을 주로 맡았다. 실제로 그때 그는 말썽꾼이기도 했다. 촬영이 끝나면 곤죽이 되도록 술을 마시는 버릇이 있었고, 만취한 채 체포된 적도 있었다. 그 사건으로 20세기폭스사는 그를 해고했다.

알코올 중독과 불행한 결혼 생활, 게다가 아들의 청각장애로 힘들어 하던 그는 한때 우울증을 겪기도 했다. 그런 그의 곁에 변함없이 함께 했던 캐서린 헵번 때문이었을까? 그는 말년에 원숙한 경지에 이른 훌륭한 연기로 2년 연속 아카데미 남우주연상을 수상했다. 〈노인과 바다〉(1958)에서 생의 고독을 담은 노인과 〈뉘른베르크의 재판〉(1961)의 노판사와 〈초대받지 않은 손님〉(1967)의 강직하면서도 따뜻한 아버지를 연기하는 그의 표정은 철학적이기까지 하다.

그는 헵번과 부부로 출연한 영화 〈초대받지 않은 손님〉의 촬영을 마친 2주 뒤 심장마비로 사망했다.

그의 절친한 친구였던 험프리 보가트는 이렇게 말했다. "스펜서 트레이시는 아마도 가장 뛰어난 배우일 것이다. 왜냐하면 그의 내부에서 연기 메커니즘이 돌고 있는 것을 사람의 눈에 느끼게 하는 법이 없기 때문이다."

그 여자
캐서린 헵번
Katharine Houghton Hepburn 1907~2003

굵은 비단뱀, 그녀의 별명이었다. 굽힐 줄 모르는 강한 성격을 가진 그녀의 도도한 이미지 때문이었다.

유명한 의사인 아버지와 여성운동가인 어머니 아래서 자란 그녀는 어린 시절부터 총명하고 독립적이었다. 연극을 좋아한 그녀는 여덟 살 때, 〈엉클 톰스 캐빈〉을 직접 각색하고 공연했다. 대학에서 연기를 전공한 뒤 브로드웨이 연극 무대에서 작은 역으로 데뷔했다. 1932년 〈전사의 남편〉에서 아마존 공주 역을 맡으면서 유명해졌고, 이때 할리우드로부터 출연 제의를 받았다. 이후 〈아침의 영광〉(1933), 〈초대받지 않은 손님〉(1967), 〈헨리 2세와 엘리노 여왕〉(1968), 〈황금 연못〉(1981)으로 무려 네 번이나 아카데미 여우주연상을 수상했지만 시상식에 모습을 드러내지 않았다.

결코 자신의 연기에 만족하는 법이 없었던 그녀는 자주 말했다고 한다.

"내 연기를 보면 그보다 늘 세 배는 더 잘 할 수 있었을 거란 생각이 든다."

사생활을 중시한 그녀는 인터뷰도 하지 않았다. 한 번의 결혼 실패 후 "남자와 여자는 이웃에 살면서 가끔 서로를 찾는 것이 가장 이상적이다"라고 말했던 그녀는 스펜서 트레이시를 만나 27년간 사랑을 나눴다. 기자들은 그들의 관계를 알고 있었지만 희생과 배려로 서로를 존중하며 아꼈던 그들의 지고지순한 사랑을 존경해 언론에 공개하지 않았다.

아흔여섯에 세상을 떠날 때 그녀는 이렇게 말했다.

"죽음을 환영한다."

사랑이란 기쁨
사랑이란 슬픔
사랑이란 별
사랑이란 고통이다
홀로 있기에 가슴 저려오는 고독

– 버지니아 울프

3부
당신이, 나를 살게 합니다

마르셀 프루스트와 셀레스트 알바레
로버트 브라우닝과 엘리자베스 브라우닝

그대가
나의 하루

랭글리 《저녁이 가면 아침이 오지만, 가슴은 무너지는구나》 중에서

그남자이야기

나 같은 환자랑 밤새도록 지내는 것은 아무래도 몹시 언짢은 일이겠지?

그런 말을 할 때마다 그녀는 아주 질색했어. 말도 안 된다는 표정으로 날 쳐다보는데 그럴 땐 그 순한 사람이 꼭 나를 째려보는 것 같았다니까.

마르셀 프루스트와 셀레스트 알바레

그런데 로베르야*. 너도 알다시피 나란 사람이 얼마나 별난 사람이냐. 내 건강은 또 어떻고? 지금 내 생명까지 위협하는 이 지긋지긋한 천식은 어릴 때부터 날 따라다녔고 극도로 예민한 오감을 가진 덕에 시끄러운 것도, 불쾌한 냄새도 단 몇 초를 견뎌내지 못하는 게 나 아니냐. 잘못 외출하는 날엔 자극을 받아서 기침이나 발작이 심해져서 죽을 뻔한 적은 또 얼마나 많았고. 어느 땐 내가 지금도 살아있는 게 참 신기할 정도라니까.

그러니 나를 돌보는 사람은 언제나 가시방석에 앉은 것처럼 불안했겠지. 게다가 아침에 잠들고 오후에 일어나는 밤낮이 바뀐 내

* 마르셀 프루스트의 동생, 의사

생활을 맞추는 건 일반인으로선 보통 힘든 일이 아니었을 거야. 그런데다 내가 요구한 까다로운 규칙도 많았잖아.

내가 부르기 전엔 절대 내 방에 오지 말 것.
두 번 벨을 울리면 지체 없이 달려오고, 내가 먼저 말하기 전에 말하지 말 것.
절대 허락 없이 불을 켜지 말 것.
나를 말없이 만지지 말 것.
지정된 세탁소 외엔 내 옷과 수건을 맡기지 말 것.

지독하게 약한 면역력 때문에 생긴 결벽증이라는 거, 내 작품을 위해 누구에게도 방해받고 싶지 않은 강박증이라는 거, 나도 잘 알지. 하지만 그게 나였는걸. 그 방식으로만 난 살 수 있었고, 내 작품에 몰입할 수 있었지. 그걸 그 누구보다 잘 이해한 사람이 바로 그녀였단다.

그녀는 내 방에 들어올 때 발소리 하나도 조심했어. 그녀가 들어와도 난 말을 하지 않을 때가 많았고, 크루아상과 커피를 가져다주면 그저 감사의 손짓만 했지. 날마다 어두컴컴한 방 안에서 불도 켜지 않은 채 침대에 베개를 받치고 비스듬히 누워서 손만 까딱,

눈만 끔뻑하며 말 한마디 하지 않는 남자를 보면서 그녀는 무슨 생각을 했을까? 공포를 느끼진 않았을까? 하지만 그녀는 수선을 피는 법도 없고, 강한 호기심으로 불쾌하게 내 방을 함부로 둘러보는 일도 없었지. 그저, 자신이 할 일이 무엇인지 내가 원하는 것이 무엇인지 그것에만 오로지 집중하려는 것 같았어.

나를 돌보는 일이 그녀의 일이지만 그녀가 날 살피고 대하는 모습이 마치 예술가처럼 느껴질 때가 있었어. 오감을 집중하고, 주변 세상에 귀를 닫고 오로지 나 한 사람에게만 몰입해서 실수 없이 자신의 일을 해내는 모습에서 말이야. 그녀는 같은 실수를 두 번 하는 법도 없었고, 내가 흘려 말한 것도 좀처럼 놓치는 일이 없었지. 우리가 자주 가던 부르보늬 상점의 과자가 생각난다, 하면 어느새 간식엔 내가 찾던 마들렌이 놓여 있었고, 지나가는 말로 따끈한 계란찜이 생각난다, 그러면 저녁 메뉴엔 갓 쪄낸 포실한 계란찜이 올라와 있었지. 그녀가 가져다 준 커피는 언제나 나를 적당히 각성시킬 정도로 알맞게 진했고, 좋지 않은 내 목을 안전하게 소독할 정도의 뜨거운 온도도 늘 같았어. 세수를 하고 건네주는 수건은 따뜻해서 기온 변화에 민감한 나를 자극시키는 법도 없었지.

그래, 10년 전 처음 만난 그때부터 지금까지 내 곁에서 내 손발처럼, 그림자처럼 날 보살핀 사람은, 바로 그녀였어.

그때 그녀의 나이가 아마 스물둘이었을 거야. 그녀는 너도 아는, 내가 좋아하는 택시 운전사 오딜롱의 신부였어. 우연히 그가 결혼한다는 걸 알고는 축하한다고 전보를 보낸 적이 있는데, 뭐 그런 거에 감동해서는 인사하러 왔더라고. 실은 그런 순박함 때문에 그 사람을 좋아하긴 했지. 그때 그녀를 봤어. 남편의 뒤에서 수줍은 듯 고개를 숙이고 있던 그녀는 순진한 시골 신부 그 자체였지. 치장 없이 촘촘하게 하나로 묶은 갈색머리는 담백한 그녀의 성격을 엿보게 했고, 화장기 없는 동그란 볼에 난 살짝 난 주근깨는 여동생처럼 친근했어.

새 신부님, 반가워요, 장난스럽게 아는 척을 하자 살포시 웃는 입가에 살짝 보조개가 패었던가. 오이향이 나는 비누 냄새가 났던 것도 같구나. 그때 반짝 고개를 들어 보여준 그녀의 맑은 눈에서 그녀가 꽤 믿을 만한 사람이라는 걸 느꼈지. 내가 아는 말 전하기 좋아하고 과장하는 데 취미가 있는 수다스런 여인들과는 달라 보였어. 얌전하게 그러쥐어 모은 손은 야무진 데가 있어서 꽤 영민할 것 같다는 생각도 했지.

그런데 왜였을까? 이 스물두 살의 신부는 생기가 없어 보였어. 뭐라 그럴까, 기가 죽었다고나 할까? 남편의 옷자락을 뒤에서 가만히 잡고 있는 모습이 좀 안쓰러웠지. 아마도 낯선 곳에 시집오느라 가까운 가족이나 친구들과 떨어져 지내면서 부쩍 외로움을 타는 게 아닐까 싶더구나. 오딜롱이 자상하고 좋은 남편이긴 하지만 낯선 곳에서 자신의 일을 찾지 못한 채 하루하루를 보내려니 지루한 생활에 진력이 났을 거야. 그러기에 자신도 모르는 사이 어머니를 많이 그리워했을지도 모르지. 여자들이란 힘들고 외로울 때 어머니를 많이 생각하는 법이니까.

아무튼 그런 그녀에게 뭔가 활력소를 만들어 주고 싶어서 내 책을 친구들에게 전달하는 일을 해보지 않겠느냐고 제안했어. 순진하면서도 영특해 보이는 새 신부랑 친구가 되고 싶은 마음도 물론 있었지. 그게 인연이 돼서 지금까지 그녀가 나를 돌보게 된 거란다.

처음엔 나도 그녀랑 이렇게 오랜 시간을 보내게 될 줄은 몰랐어. 그런데 어느새 나는 그녀에게 이 말을 가장 많이 하고 있더구나.

정말 고마워요. 어떻게 미리 알았어요?

내 생활 패턴과 습관에 익숙해지고 나서 그녀는 놀랍게도 내 생각과 행동을 미리 짐작이나 하는 것처럼 나를 돌봐줬거든. 머리가 지끈거려 글이 잘 안 풀려서 시원한 맥주가 한 잔 생각날 때 부르면 이미 쟁반에 차가운 맥주를 들고서 방 앞에 서 있었지. 퇴고를 거듭하다가 공책에 수정할 때가 마땅치 않아 고민했더니 어느 날엔 메모지를 아코디언처럼 이어 붙여줘서 내 고민을 말끔하게 해결해주기도 했어. 너도 알겠지만, 나란 사람이 얼마나 까다롭고 예민한 사람이냐. 그런데 이 괴팍한 인간이 시간이 갈수록 점점 더 그녀를 믿고 의지하고 있었다니까.

그녀는 단순히 나를 돌보는 가정부가 아니었어. 그녀는 내 가장 좋은 친구였단다. 은거하다시피 사는 내가 가장 많은 애길 한 사람도 그녀였지. 그녀는 말이 많은 편은 아니었지만 답답한 사람은 아니어서 대화 상대로도 참 좋았어. 나를 가장 많이 지켜본 것이 그녀였으니, 굳이 여러 설명하지 않아도 나를 오해하지 않겠거니 하는 믿음도 물론 있었지. 게다가 그녀는 자꾸 얘기를 하게끔 만드는 힘이 있었어. 얘기를 시작하면 마치 자신의 일처럼 단 한마디도 놓치지 않고 초롱한 눈망울로 나를 바라보고 있는 거야. 얘기를 듣는 도중에 살짝 웃었다가, 이마를 찡그렸다가 눈을 살짝 감았다가 하는 그녀의 표정이 재밌어서 어느 새 나도 모르게 긴 수다를 늘어놓을 때도 많았거든. 나를 괴벽스런 인간으로 오해하는 사람들의 황당한 소문이 들려올 때도 그녀에게 재밌는 얘기를 하듯, 그 얘기 들었어요? 하면서 씁쓸한 마음을 털어냈지. 글 쓰다 옛날 생각이 밀려오면 그녀에게 다정하고 따뜻했던 고모 얘기도 해줬고, 나랑 정반대지만 믿음직한 네 얘기도 했지. 짝사랑으로 죽 이어진 풋사랑 이야기도 부끄럽지 않게 늘어놨고. 사교 모임에서 돌아오는 날에 괜히 고독한 마음이 들 때에도 그녀에게 넋두리를 했어.

언젠가는 베르메르*의 치밀하고 섬세한 그림을 보고 충격 받아, 나 자신에게 다짐하듯 그녀에게 말한 적이 있었어. 그가 수천 번을 다듬어 정교하고 완벽한 그림을 완성해낸 것처럼, 내 글도 고치고 또 고친 수많은 반짝이는 모래알들로 아름답게 완성시키리라고. 그러나 시간은 너무 빨리 가버리지. 나는 그것이 늘 아쉽고 두려웠다. 살면서 내 아름다운 시간들을 잃어버린 것 같아 안타까웠어. 그런 얘길 했더니 그녀가 그러더구나.

시간을 만드신 분은 그것을 무상으로 우리에게 주셨어요.

어머니에게 전해 들었다는 그녀의 따뜻한 말에 늘 쫓기던 내 시간이 치유를 받는 기분이었어. 그리고 내 지난 시간뿐만 아니라 지금의 이 시간까지 그녀로 인해 더욱 감사하게 됐지. 또 그런 얘기를 나눌 수 있는 상대가 있다는 것 자체도 고마웠어.

나는 사실 오래도록 고독했다. 사람들을 만나는 일도 외출하는

---

*네덜란드 회화의 황금기인 17세기를 대표하는 화가

일도 극히 드물었기에, 어둠 속에 칩거해 사는 것도 내 선택이었기에 사람들은 내가 고독을 즐기거나 외로움에 단련된 인간이라고 여겼지. 하지만 나도 인간인데, 왜 고독이 힘겹지 않았을까? 더구나 나는 다른 이들이 겪지 않는 육체적인 고통을 홀로 견뎌야 했던 사람인데 말이다. 나는 내 고통을 떠들어 댈 생각도 없었고, 누군가 평범하지 않은 내 인생을 동정하는 것도 싫었어. 그래서 무시무시한 발작이 찾아올 때면 주변사람들에게 부탁했지. 나를 그냥 홀로 내버려두라고.

언젠가 심한 발작이 찾아온 그날도 그녀에게 같은 말을 했지. 눈물을 가득 담고서 말없이 물러가던 그녀를 보면서 나는 늘 그렇듯 홀로 침대를 부여잡고 고통의 시간을 견뎠어. 그러고 나면 땀으로 흠뻑 젖어 오한에 덜덜 떨었지. 처절한 고독의 시간. 하지만 그녀가 내게 오고부터 그 시간이 그토록 두렵지만은 않았다. 이를 악물고 고통을 참아내던 그 순간, 나는 내 방문 뒤편에서 그녀의 인기척을 느꼈다. 그녀는 숨죽이며 귀를 대고 있었던 거야. 그녀에겐 부를 때만 온다는 약속을 지키지 않았다고 뭐라고 했지만, 실은 나를 진심으로 걱정해주는 사람이 있다는 데 큰 위안을 받았던 게 사실이야.

생각해보니 그녀에게 고마운 게 또 하나 있구나. 그건 그녀가 나를 격려했다는 거야. 실은 난 늘 죽는 게 두려웠다. 아니 죽음이 두려웠던 것이 아니라 내 작품을 끝내기도 전에 죽을까 봐, 그 조바심을 털어내듯 나는 늘 내 하루가 어땠는지를 그녀에게 고백했지. 시간은 부족한데 글이 맘처럼 풀리지 않는 날엔 지운 자국으로 가득한 공책을 그녀에게 보여주며 한숨을 쉬었지. 그럴 때면 그녀는 한참을 나와 공책을 번갈아보다가 빙긋 웃으며 말했어.

걱정 마세요, 내일은 잘 될 거예요.

그 따뜻하고 짧은 격려의 말이 어쩌면 내 하루하루를 이어가게 했는지도 모르겠구나.

그런 그녀를 한번은 엄청 놀라게 한 적이 있었어. 가장 미안했던 일이기도 하지. 언제나 난 하루에 한두 번 그녀를 부르곤 했는데, 이틀이 넘어 삼 일이 다 되어가도록 그녀를 부르지 않은 거야. 그건 음식은커녕, 물 한 모금도 마시지 않았다는 얘기고, 나 같은 환자를 돌보는 사람에겐 당연히 무시무시한 사건이지. 게다가 우리에겐 부르기 전엔 절대 내 방에 오면 안 된다는 규칙이 있었으니까 그녀는 그 오랜 시간 극심한 갈등을 겪어야 했을 거야. 내 방문을 열 것인가, 말 것인가. 만약 열지 않아서 내가 죽는다면? 뭐, 그런 상상으로 덜덜 떨었을지도 몰라.

 실은 그때 나는 무모하게 죽음을 체험했단다. 내 소설 속에 나오는 인물의 죽음을 그리려고. 손가락 하나 까딱할 수 없을 정도로 몸이 가라앉기 시작할 때, 어쩌면 정말 내가 죽을지도 모른다는 생각이 밀려오면서 두 가지 걱정이 생겼어. 내 작품을 아직 끝내지 못했는데, 하는 생각과 그녀를 다시는 못 보겠군, 하는 마음이었지. 무사히 사선을 넘는 경험을 마치고 그녀를 불렀을 때 그녀의 당황하고 화난 얼굴을 너도 봤어야 하는데.

 그 이후로 내 몸 상태는 더 나빠졌지만, 나는 마침내 내 필생의 작품을 끝냈지. 이 놀라운 뉴스를, 내 인생의 가장 위대한 사건을 누구한테 가장 먼저 알리고 싶었는지 알겠지? 바로 그녀였어. 언제부터였을까? 나는 기쁜 소식이 생기면 그녀에게 가장 먼저 알렸어. 그녀가 기뻐하는 모습을 봐도 봐도 또 보고 싶었거든. 건강이 심각하게 악화되면서부터는 무엇을 먹는다는 것 자체가 불가능해졌지만, 그녀가 활짝 웃는 모습이 보고 싶어서 몇 모금도 못 넘길 걸 알면서, 커피 한 잔만 가져다 줄 수 있겠어요? 하고 부탁한 적도 있단다. 그러고 보니 언젠가부터 내 삶의 기쁨 중에 하나가 그녀를 기쁘게 하는 일이 돼 버렸네. 모쪼록 내가 떠난 후에도 그녀가 행복했으면 좋겠어.

지난 나의 10년은 그녀의 10년이기도 했어. 내 마음을 읽고 내 뜻에 따라 자신의 시간을 바친 그녀의 헌신이 있었기에 나는 살 수 있었고, 글을 쓸 수 있었던 거야.

그 오랜 시간, 그녀는 좀처럼 내게 화낸 적이 없는데 얼마 전이었을 거야, 내게 심하게 언짢은 티를 낸 적이 있단다. 그날 나는 몹시 피로했지만, 꼭 외출해야 할 일이 있었어. 그런데 구두를 신으려다 그만 의자에 털썩 주저앉고 말았지. 구두 한 짝을 드는 것조차 무척 힘에 겨워서, 그녀에게 미안하지만 구두를 좀 집어 달라고 말했지. 그랬더니 그녀가 갑자기 내 앞에 무릎 꿇더니 어린아이를 챙기듯 내 구두를 신겨 주려는 거야. 아니에요, 그러지 말아요, 힘없이 그녀를 만류했더니, 그녀가 벌컥 화를 내며 말했어.

제발 가만 좀 계세요, 이런 것쯤 제가 해드리면 뭐가 어때서요? 그녀의 마음을 헤아린 나는 진심으로 사과하는 마음으로 말했지.

아……, 내가 당신을 얼마나 좋아하는지 말한 적이 있던가요?

그건, 내 진심이었단다. 그녀가 내게 한 유일한 질문도 생각나는구나. 어느 날, 내 곁에서 뜨개질을 하던 그녀는 뜬금없이 내게 물었지.

왜 결혼하지 않았나요?

그 질문이 너무 의아했단다. 아니, 나를 뻔히 보면서 내 생활이 어떤지 뻔히 알면서, 그 누구보다 날 잘 알면서 그녀가 내게 물은 거야. 왜 결혼하지 않았냐고. 게다가 나보고 좋은 남편, 좋은 아빠가 됐을 거라고 말하면서. 그럴 수 있었을까? 아니, 그녀 같은 사람이 아니라면, 그건 있을 수 없는 일이지. 나처럼 글에 평생을 바치는 사람한텐.

내가 만약 그녀 아닌 다른 사람과 결혼했다면 나는 내 일을 이만큼 해내지 못했을 거야. 아니 이만큼 살 수 없었을지도 몰라. 외롭고 고통스런 침묵의 시간 뒤에서 창작의 고통에 시달릴 때 방 저편에서 나를 기다릴 그녀가 있다고 생각하면 무섭지 않았지. 그녀는 그렇게 늘 나를 바라보고 있었어. 무한한 애정과 따뜻한 모성과 연민과 존경의 감정으로. 그 사랑이 나를 살게 하고 내게 글을 쓰게 한 거야.

실은 무서워. 로베르. 며칠 전부터 검은 옷을 입은 여인이 날 무섭게 쳐다보고 있거든. 곧 죽음이 나를 덮칠 거야. 그때 나를 살리려고 무리한 시도를 하지 말아줘. 생명을 연장시키는 그 어떤 일도 하지 말아줘.

마르셀 프루스트와 셀레스트 알바레

나는 내 죽음을 바라보고 싶어.
아무것도 필요치 않아.
내겐 그녀만 있으면 돼.
그녀가 내 눈을 감겨 주겠지.

그 여자 이야기

그의 말이 맞았습니다. 우리는 지난 시간을 잃어버린 것이 아니었습니다. 잃어버렸다고 믿었을 뿐.

지난 50년 동안, 나는 내내 지나간 시간 속에서 살았습니다. 끊임없이 그를 생각했어요. 향 좋은 커피를 마실 때면, 커피 한 잔을 놓고 고요하게 그의 세계 속에서 침묵하며 글을 쓰던 그의 모습이 선명하게 떠올랐습니다. 남편의 죽음을 지켜봐야 하던 순간에도 그가 떠나던 허망한 그날을 생각했습니다. 누군가 내 이름을 다정하게 부를 때면, 그의 친절하고 따뜻한 음성이 들리는 것 같았고 실제로 어디선가 나를 부르는 그의 음성을 듣기도 했습니다. 어려운 일을 겪을 땐 현명한 그라면 나에게 어떤 조언을 해줬을까, 생각하며 일을 풀어나갔어요. 좋은 일이 생기면 그가 선물한 일이라고 생각했죠. 생전에 그는 누구보다 내가 행복하기를 바랐던 사람이었으니까. 그보다 더 아름다울 수 없었던 10년을 내게 선물한 사람. 그와의 삶은 끝나지 않고 계속되고 있었던 겁니다.

언젠가 그가 준 오팔 반지를 다시 찾았을 때, 나는 그 사실을 다시 한번 확인할 수 있었습니다. 그 오팔은 원래 그의 어머니가 아끼던 핀에 장식된 보석이었어요. 핀의 끄트머리가 부서졌지만 아름다운 오팔만은 그대로였고, 그것을 아끼던 그가 내게 선물한 것이죠. 나는 그 보석을 세팅해서 반지로 끼고 다녔고, 언젠가 내 딸에게 물려줄 생각이었습니다. 그 반지를 무척이나 아꼈던지라 손가락에서 빼는 법도 없었어요. 그런데 어느 날, 반지를 잃어버리고 말았어요. 아무리 찾아도 반지가 나오지 않았고, 그냥 마음을 접고 딸이 사온 야채를 다듬고 씻고 잘게 썰어서 저녁상에 올렸죠. 식사 때였어요. 야채를 먹던 딸이 갑자기 이상한 표정을 짓더니 입 안에서 뭔가를 꺼내더군요. 그건 그의 오팔이었어요. 설명할 수 없는 이 일이 일어난 후 생각했어요. 어쩌면 내가 그를 떠나보내지 않은 것처럼 그 또한 나를 지켜보고 있는 건지도 모른다고.

생각해보면, 처음 만나던 그날부터 그는 그렇게 나를 지켜보고 염려했습니다.

나는 그가 단골로 이용하는 택시 운전수의 아내였습니다. 그때 갓 결혼한 나는 우리 결혼에 축전을 보내준 그에게 인사차 함께 들르자는 남편을 따라 나섰습니다. 실은 남편에게 가끔 얘기만 들었을 뿐, 난 그가 유명한 작가인지조차 모르고 있죠. 벌써 60년 전

일인데, 그의 첫인상을 또렷하게 기억할 수 있어요. 이마 위로 굽이치듯 내려온 부드러운 갈색 머리카락, 미소를 돋보이게 하는 고르고 하얀 이, 단정하게 챙겨 입은 조끼 사이로 보이는 마른 듯 호리호리한 몸매. 천식 때문에 가끔 숨을 고르던 모습도 생각나는군요. 그의 곁으로 가까이 가 인사할 땐 약한 소독약 냄새도 났던 것 같아요. 시골에서 막 올라온 스물두 살의 수줍은 신부인 나는 똑바로 그를 쳐다보진 못했지만, 그가 나를 관찰하고 있다는 건 느낄 수 있었어요. 그것이 소설을 위한 오래된 습관이라는 건 나중에 알았지만요.

며칠 후 남편을 통해 그가 내 안부를 물었다는 걸 알게 됐죠. 나의 어떤 점 때문이었을까요? 그는 내가 낯선 환경에 힘들어하고 있다는 걸 알았고, 그것이 어머니 때문이라는 것도 알았습니다. 사실 나는 그때까지도 내가 그렇다는 걸 생각하지 못하고 있었어요. 하지만 곧 내 단순한 생활에 싫증이 났고, 외로운 마음이 들기 시작했죠. 내 마음을 꿰뚫어 본 그는 내가 외출할 구실을 만들어주기 위해 내게 그의 책을 친구들에게 전달해주는 일을 맡아줄 것을 부탁했습니다. 그 일로 그의 공간에 발을 들여놓게 되고, 그를 오래 돌봐주던 분들에게 사정이 생기면서 내 일은 그의 책을 배달하는 일에서 그를 보살피는 일로 옮겨졌습니다.

그를 챙기고 돌보는 일은 쉬운 일이 아니었어요. 지켜야 할 것이 꽤 많았으니까요. 벨이 두 번 울리면 곧장 그의 방으로 달려올 것. 그의 방에 들어갈 땐 노크 없이 들어갈 것. 절대 먼저 말을 걸지 않을 것. 부르기 전에는 절대 방 앞에도 가지 말 것. 이 모든 것은 글을 쓰는 그가 누구에게도 방해받지 않고 집중해서 자기 작품을 완성하기 위한 철칙이었죠. 분명히 있으면서 보이지도 않고, 또 어떤 소리도 들을 수 없는 그 사람과의 약속을 지키는 일이 처음엔 몹시 두렵고 무서웠어요. 정적만이 감도는 그 큰 집에서 나는 어디에도 가지 못한 채 아무것도 할 수 없었죠. 그런데 이상한 건 긴장감 때문에 책조차 읽을 수 없었던 그 시간들이 전혀 지루하게 느껴지지 않았다는 거예요. 그 이후 그의 곁에 머문 10년 동안 내 일은 반복되었지만, 단 한번도 그런 생각을 하지 못했죠.

그의 방은 그가 천식 때문에 피우는 훈연 가루 때문에 언제나 연기가 자욱했어요. 그리고 몹시 어두웠죠. 방 안에 불빛이라고는 침대 머리맡에 켜둔 램프뿐이었어요. 소음을 막기 위해 네 벽을 채운 코르크판도 충격적이었네요. 어떤 빛도, 소음도 허락되지 않는 자신만의 공간에서 자신을 평생 괴롭히던 천식과 시간을 이겨 내고 영원할 작품을 위해 그는 오랜 시간 고통스럽게 싸우고 있었던 거예요. 그러나 그는 결코 자신의 고통 때문에 비명을 지르거나 주변 사람들을 불안에 떨게 하는 사람이 아니었어요. 병 때문에 괴로운 고통이 찾아오면 그는 오로지 자기에서 물러가 홀로 그를 그 고통 속에 놔두길 부탁했죠.

당신과 이야기할 수가 없겠어요. 미안하지만 날 그냥 혼자 두어 줄래요?

침묵과 어둠의 세계에서 그가 극심한 고통을 견뎌내는 모습은 숭고했고 또 존경스러웠어요. 고통이 물러가고 약간의 여유가 생길 때면 그는 내게 상냥한 목소리로 많은 얘길 들려줬죠. 병약한 데다 기인이라고 할 만큼 특이한 생활을 유지하던 탓에 세상에는 그에 대한 이런저런 소문이 많았어요. 그러나 그가 그런 것에 크게 신경 쓰는 것 같진 않았죠. 그 대신 내게는 진실을 얘기해주었어요. 자신을 엄살쟁이 괴짜로 보는 사람들의 얘기를 전해주고 재밌지 않느냐며 웃었고, 어느 때는 조근조근 그의 어린 시절과 사랑하는 어머니와 다정한 고모와 아끼는 동생 이야기를 해줬고, 언젠가는 그가 사랑했던 여인들과 좋아하는 친구들에 대한 비밀스런 얘기를 털어놨죠.

그는 가끔 외출해서 사람들을 만나고 돌아올 때가 있었는데, 아주 가끔은 내가 보기에 어울리지 않았으면 싶은 이상한 사람을 만날 때도 있었죠. 그런 날엔 내게 그랬어요. 나도 그를 좋아하진 않아요, 좋은 인간은 아니지. 그렇지만 오늘 저녁엔 그 사람 덕에 몇 가지 사실을 알게 됐으니까, 하면서 그날 있었던 일을 내게 몇 번이고 얘기했죠. 그때는 몰랐어요. 그는 그렇게 내게 자신의 경험을 반복해서 얘기하고 잃어버린 시간을 떠올리면서 그의 필생의 작품을 구상하고 있었던 것을요.

그를 알아갈수록 나는 점점 더 그에게 끌리고 있다는 걸 느꼈어요. 위대한 사람을 바라보는 존경과 부서질 듯 약한 몸을 가지고 있는 그를 내 아이처럼 잘 돌봐주고 싶은 모성애. 하루에 몇 시간씩 얘기를 나눌 땐 더없이 좋은 친구를 가진 것 같은 뿌듯한 우정의 감정이 차올랐죠. 그랬기 때문에, 어느 순간에 오로지 모든 고통을 혼자 껴안으려는 그를 보면 안타깝다 못해 화가 나기도 했어요.

그가 떠나기 몇 달 전에도 그랬죠. 어느 밤, 그는 내가 보기에도 몹시 피곤했어요. 구두를 신으려던 그는 의자에 무너지듯 앉더니 말했죠.

정말로 미안하지만 내 신발 좀 집어 주겠어요?

그에게 신발을 건네주고 1초도 지나지 않아, 나는 처음으로 그의 의견을 묻지도 않고 어린아이에게 하듯, 꿇어 앉아 그의 발을 구두에 끼워 넣었죠. 아니에요, 아니에요, 그러지 말아요. 그의 말에 처음으로 역정을 내면서 말했어요. 보세요, 금방 끝났잖아요, 이런 것쯤 제가 해드리면 뭐 어때서요?

그때, 그가 쑥스러운 듯 미소를 띠며 하던 그 말을 나는 지금 이 나이에도 또렷하게 기억하고 있어요. 아……, 내가 당신을 얼마나 좋아하는지 말한 적이 있던가요? 그때 실은 나도 무척이나 이 말을 하고 싶었어요.

나 또한 당신을 얼마나 좋아하는지 말한 적이 있던가요?

목까지 차 오른 그 말을 나는 한번도 밖으로 꺼내지 못했답니다. 감히 그에게 그런 말을 해서는 안 된다고 생각했어요. 그에게 남다른 애정을 갖고 있다는 걸 그가 알게 돼서 예민하고 섬세한 그를 불편하게 만들고 싶지가 않았어요. 그런데 한 번은, 너무나 궁금하고 묻고 싶었던 말을, 가슴에 담아 두지 않고 물은 적이 있어요.

왜 결혼하지 않았나요? 나는 분명 그가 자상하고 섬세한 좋은 남편이 될 거라고 생각했어요. 그를 진심으로 사랑해 주는 사람을 만나 평범한 행복을 누리는 걸 보고 싶은 마음도 있었죠. 그랬더니 그가 별 걸 다 묻는다는 표정으로 말했죠.

> 다른 사람도 아닌 당신이 그런 걸 묻다니. 내가 어떤 사람인지 누구보다 잘 알면서 말이에요. 옷이나 맞추러 다니고 차나 마시면서 수다나 떨 줄 아는 여자들이랑 결혼하라고? 난 사방으로 끌려 다니느라 글 한 줄도 쓸 수 없었을 거예요. 난 조용한 생활을 원해요. 이런 날 이해해주는 여자도 없고. 혹시 당신이었으면 모르지.

순간 후끈 달아오른 내 얼굴을 그가 보지 않았길 바랐어요. 그저 농담으로 하는 말이겠거니, 하면서도.

실은 그의 많은 사랑은 짝사랑이었지만 그를 열렬히 좋아한 공작부인도 있었고, 그녀에게 그가 많이 끌렸단 사실도 나는 알고 있었어요. 하지만 결국 그는 결혼하지 않았죠. 우정 또한 그랬어요. 그는 많은 사람들을 좋아했고 그들 역시 그를 좋아했지만, 친구들 얘기를 하는 그의 말투를 들어보면 그저 아는 사람들이라는 느낌이 깊었어요. 그건 타인과 자기 자신을 너무도 철저하게 분석하는 탓일지도 몰라요. 맹목적인 우정이 사라지고 그 대신 동기와 이유가 있는 친분 관계만이 남았지요. 그것도 그가 의도한 것은 아니었을까요. 자신의 생활과 작품이 흔들리는 것을 원하지 않아 깊은 관계를 피하며 스스로 고독을 선택하고 그 안에 머문 것이죠.

어떤 사람이 무언가를 위해서 이토록 자기 인생을 모두 바치는 것을 난 본 적이 없었어요. 그가 하루에 먹는 거라곤 커피 한 잔과 크루아상 하나뿐. 늘 피로가 겹치는 생활을 하면서도 그는 잠도 잘 자지 않는 것 같았어요. 그가 베르메르의 그림을 보고 온 날, 한숨 쉬며 토해낸 얘기처럼 그의 머릿속엔 오로지 작품, 위대한 작품을 완성하는 일 밖엔 없었어요.

아, 그 치밀하고 섬세한 터치라니⋯⋯. 얼마나 다듬었으면 그럴 수가 있을까요? 내 글도 좀 더 고치고 또 고치고 모래알들을 덧붙여야겠어요. 그때 그의 눈빛은 이 세상 사람이 아닌 것만 같았죠. 그가 작품에 집중하고 헌신하는 일이 날로 깊어만 갔어요.

그러던 어느 날, 내가 그와의 약속을 어긴 첫 번째 사건이 일어났습니다. 그날도 여느 때처럼 그의 생활패턴에 맞춰 아침 아홉시에 잠들어 낮 한 시에 일어나 그의 초인종을 기다리고 있었죠. 그런데 어찌된 일인지 그날 그는 나를 부르지 않았어요. 궁금했고 걱정됐지만 우리의 약속 때문에 초조함을 견디며 밤을 보냈죠. 그런데 하루가 지나고 다시 저녁이 되었는데도 그는 나를 부르지 않았어요. 아무것도 할 수 없던 그 불안한 마음을 그는 알았을까요? 결국 나는 그의 방문을 열지는 못했지만 두 번이나 방문 앞에서 그의 숨소리라도 들어보려고 했어요. 그러나 다 허사였죠. 집안은 온통 정적뿐이었으니까요.

마침내 이튿날 밤 11시에 그가 나를 불렀어요. 그의 얼굴은 시체처럼 창백했지만, 그의 기분은 한없이 들떠 보였어요. 도대체 무슨 일이 있었던 거냐고 묻고 싶었지만 그가 묻기 전에는 나는 아무 말도 할 수가 없었어요. 그래, 나에 대해서 무슨 생각을 했어요? 라고 물었을 때야 입을 뗄 수 있었죠. 정말 너무나 걱정했다고, 당신 말을 따르긴 했지만 이게 잘 하는 일일까 싶었다고. 그런 내게 그는 말했죠.

정말이지 나도 당신을 더는 못 보는 줄 알았어요.

그 후로도 수수께끼로 남겨진 이틀 밤에 대해서 그는 더 입을 열지 않았죠. 어쩌면 그는 가장 위험한 경험을 했던 건지도 모르겠어요. 의식을 잃어가는 주인공의 죽음을 경험하기 위해, 날카로운 감각만을 살려둔 채 자신의 한계를 시험했던 거라고 나는 생각하고 있어요.

애써 죽음을 부르려고 의도하지 않았어도, 그즈음 그의 생명이 거의 소진되고 있었어요. 그는 필사적으로 글 쓰는 일에 집중했죠. 그는 날마다 자신이 죽을 거라고 얘기했어요.

난 아직 끝내지 못했는데, 죽음이 날 뒤따르고 있어요. 내겐 시간이 없어요.

어리석은 사람들이 가엾게도 내 소중한 사람이 내 곁에 언제까지나 함께일 거라고 믿는 것처럼, 나 또한 그의 죽음을 늘 부정했어요. 그런 내게 그는 말했죠.

당신이 내 눈을 감겨줄 거예요. 그리고 사람들이 자기 자신의 죽음을 얘기할 때 잘 들어줘야 해요. 우리는 모두 자기의 죽음을 지니고 있고 때가 오면 느끼게 되는 거예요. 나는 더구나 더욱 잘 느낄 수 있죠. 나는 다른 사람들과는 전혀 다른 생활을 해왔잖아요. 오랫동안 식사도 하지 않았고, 잠도 자지 않았어요. 게다가 내 폐는 어린 시절 이미 완전히 망가졌고, 심장도 더 이상 바쁘게 뛰질 못해요.

그때 난 그의 얘기를 더 잘 들어줬어야 했어요. 죽음을 앞둔 그의 심정이 얼마나 외로운지, 얼마나 힘이 드는지 함께 얘기할 수 있었어야 했어요. 그래서 그가 차마 아무에게도 할 수 없었던 두려움과 걱정까지도 나눠가질 수 있어야 했어요. 그리고 말해줬어야 해요. 저 너머의 세상도 아름다울 거라고, 나는 언제까지나 당신을 기억할 거라고. 당신은 없지만 내 기억 속에서 당신은 다시 살아갈 거라고. 그러니 이곳을 떠나더라도 언젠가 꼭 찾아와 달라고…….

그렇게 말해줬더라면 얼마나 좋았을까요? 그랬다면 그가 겪어야 했던 마지막 고통을 조금이라도 덜어줄 수 있진 않았을까요? 그러나 나는 그럴 수가 없었어요. 도저히 그가 내 곁을 떠나는 것을 인정할 수 없었어요. 그는 늘 생과 사의 갈림길에서 싸워왔고 앞으로도 이전에 그래왔던 것처럼 견뎌 내리라고 믿고 싶었죠. 내가 그의 죽음을 인정하면 그가 정말 죽어버릴 것만 같아서 그것이 현실이 되어버릴 것만 같아서 그의 마지막을 외롭게 하고 말았네요.

인간이라면 누구나 그렇듯 그 또한 죽음을 막을 수 없었지만, 그는 결국은 시간과의 싸움에서 승리했어요. 그 밤, 아이처럼 눈을 반짝이며 기쁨을 감추지 못해 내게 한 그 말, 너무나 기쁘면서도 내게 가장 가슴 아픈 말이었어요.

어젯밤 정말 굉장한 일이 일어났어요. 당신한테 가장 먼저 말해 줄게요. 정말이지 대단한 뉴스에요. 어젯밤 난 드디어 '끝'이란 단어를 썼답니다. 이제 나는……, 죽을 수 있어요.

그는 이후에도, 남은 원고 작업을 필사적으로 이어갔고, 어느 밤 외출한 뒤에 그를 마침내 죽음으로 몰고 갈 '감기'에 걸리고 말았어요. 그리고 작품에 집중하는 일을 방해할까 봐 주사 맞는 것조차 거부했고, 결국 폐렴이 발병했죠. 그가 너무 완강했기에 어떤 치료도 할 수 없었어요. 그는 그렇게 명료한 의식으로 죽어가는 자신을 바라봤던 거예요. 그 순간에도 그는 참으로 자상하고 따뜻했어요. 걱정하는 나를 위해 커피를 부탁했죠. 커피 잔을 들어 입으로 가져가면서 말했어요.

당신을 기쁘게 하기 위해서예요.

아, 더는, 더는 얘기할 수가 없네요. 50년이 지난 일이지만, 아직도 그때를 생각하면 가슴이 견딜 수 없이 아파와요.

그는 참 비범한 사람이었어요. 마지막까지도 그랬어요. 그의 장례식을 치른 뒤 며칠 뒤, 우연히 집 가까이에 있던 서점의 불빛이 반짝이는 걸 보고 가 봤더니 유리창 건너에 그의 책이 세 권이나 놓여 있었어요. 그건 그의 책에서 작가 베르고트의 죽음을 묘사한 구절과 똑같은 상황이었죠.

사람들은 그를 매장할 것이다. 그러나 그의 장례식날 밤 내내, 불 밝혀진 쇼 윈도우 안에서 세 권씩 세 권씩 놓여진 그의 책들이 마치 날개를 펼친 천사들처럼 밤을 지키고 있을 것이다. 죽고 없는 그 사람을 위한 부활의 상징처럼.

그래요, 우리는 언제든 사라지겠지만, 우리의 귀중한 체험은 결코 소멸될 수 없을 거예요. 그것이 내가 팔십 평생을 살면서 알게 된 진실이에요. 이제 죽음을 앞둔 나 같은 늙은이에게 '진실' 말고 더 중요한 것이 뭐가 있겠어요?

그 남자
마르셀 프루스트
Marcel Proust 1871~1922

"우리는 문제가 있기까지는 즉 우리가 고통에 빠지고 우리가 희망했던 대로 일이 일어나지 않을 때까지는 아무것도 제대로 배울 수 없다."

그의 말처럼 그는 고통의 연속인 삶 속에서 진리를 배웠고 문학적 성취를 이뤘다. 아홉 살 때 걸린 신경성 천식과 소화불량, 민감한 피부로 인한 육체적 고통은 그를 평생 따라다녔다. 그에게 지나칠 정도로 집착했던 어머니, 실연으로만 이어진 짝사랑, 친구들의 몰이해도 그에게 고통이었다.

그의 인생은 《잃어버린 시간을 찾아서》를 쓰기 위한 처절한 싸움이었다. 1909년 건강이 악화되는 가운데 집필에 착수해 2년 후 1편 〈스완의 집 쪽으로〉를 완성했다. 그러나 출판사를 구하지 못해 자비로 출판했다. 2편 〈꽃 피는 아가씨들 그늘에서〉로 그는 세상의 인정을 받는다. 1919년 프랑스 최고 문학상인 콩쿠르 상을 수상한 것. 그는 이후 타계할 때까지 《잃어버린 시간을 찾아서》의 완성을 위해 모든 것을 던졌다. 숨을 거두는 마지막 순간까지도 그는 집필실 램프를 끄지 말아달라고 했다.

그에게 삶은 잃어버린 시간이었다. 하지만 그는 감각 속에 남아있는 기억과 추억을 예술로 끌어올려 삶에 '영원'을 선물했다.

장례식 날 한 친구는 그에게 이런 말로 조의를 표했다.

"죽음의 침상에 있는 그를, 아무도 쉰 살로 보지 않았고 겨우 서른 살로 보았을 거다. 마치 시간을 굴복시켜 정복한 인간에게 시간이 감히 손대지 못했듯……"

그 여자
셀레스트 알바레
Celest Albare 1890~?

프루스트의 집을 떠난 뒤 그녀는 라벨 박물관에서 일했다. 그가 떠난 후 수많은 연구자와 기자들이 그녀를 찾아갔다. 그러나 그녀는 일체 면회를 사절하고 그와의 추억을 반세기 동안 함구했다. 그것은 생전에 그가 그녀에게 한 말 때문이었다.

"어떤 여자를 사랑하게 되면 나는 그녀에 대해 아무말도 하지 않을 거요."

그녀가 입을 연 건 여든두 살 때였다. 하도 많은 연구가들이 착오와 과장으로 그의 모습을 왜곡하는 것을 보고 더 이상 참을 수 없어 생을 마감하기 전에 그의 참모습을 밝히기로 결심한 것이다. 그녀의 자서전이자 프루스트의 회고록이라고 할 수 있는 《나의 프루스트 씨》는 그녀의 구술로 구성되었으며, 이렇게 해서 프루스트에 관한 진실들이 처음 알려지게 됐다.

사랑…
꿈과 기적 사이에 어떤 것

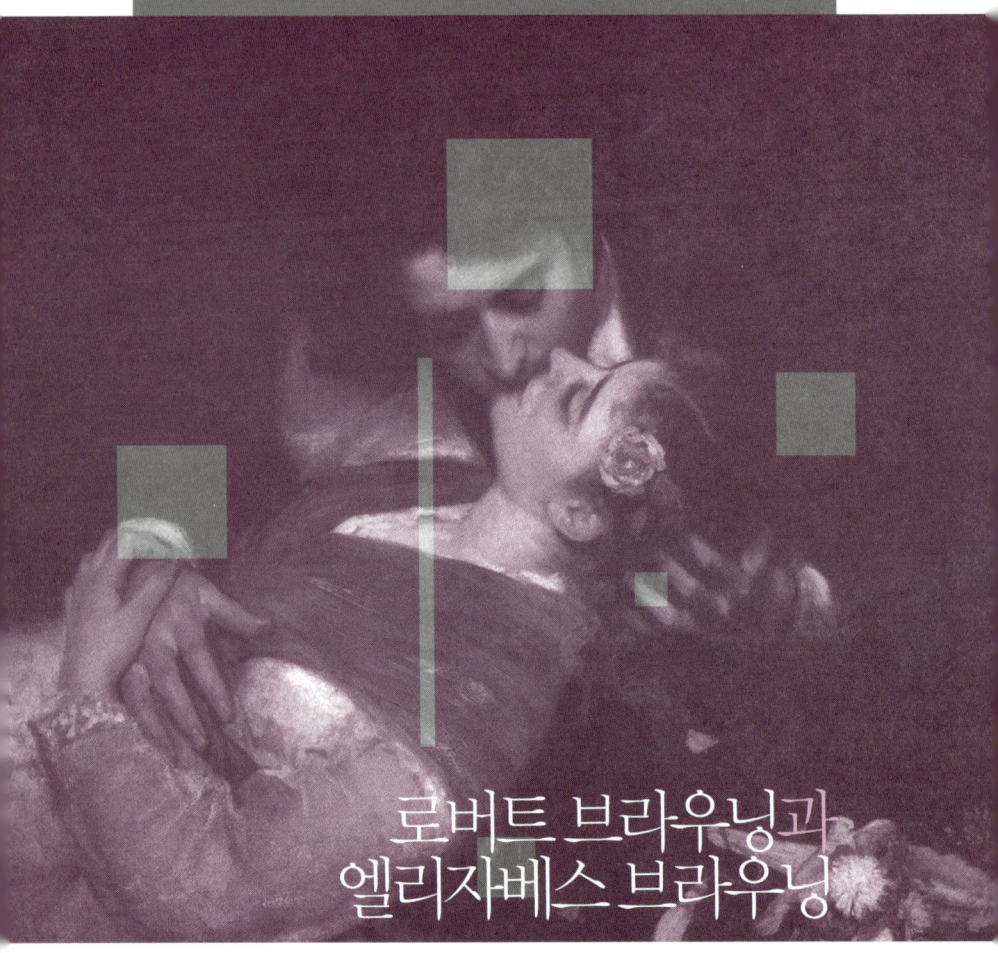

뒤발 《입맞춤》 중에서

로버트 브라우닝과 엘리자베스 브라우닝

그 여자 이야기

청춘이 저물어 가는 서른여덟이 될 때까지 내게 산다는 일은 죽음을 기다리는 일과 다르지 않았습니다. 사춘기 무렵부터 이어진 불운은 영원히 끝나지 않을 악몽처럼 나를 괴롭혔지요.

열다섯 살, 말을 타다 입은 척추 부상으로 나는 육체의 자유를 잃어버렸습니다. 몇 년 뒤, 가슴에 대동맥이 파열되면서 시한부 인생까지 선고받아야 했지요.

그때부터 담쟁이덩굴로 뒤덮여 어두컴컴한 침실 안에서 한 발짝도 나오지 않은 채, 바깥공기와 빛과 자유로부터 스스로를 격리시켜 버렸습니다. 더 이상의 불운이 나를 찾아올 수 없도록, 더 이상의 시련을 완강하게 거부하는 마음으로.

그 시절, 그래도 나를 살게 한 것이 있었습니다. 그것은 바로 '시'였습니다.

새장 속에 갇힌 새도 멋진 이야기를 쓸 수 있다!

그 마음 하나로 고통의 시간을 견뎠습니다. 그리고 홀로 갇힌 공간에서 어둠과 고독과 인생에 대한 고민과 싸우며 산고처럼 내놓은 첫 번째 시집은 어느 날 내게 명성을 가져다줬습니다.

그 무렵이었습니다. 뜻밖에 새장 속으로 한 통의 편지가 날아든 것은. 봉투의 겉면에 쓰인 이름은 처음 보는 낯선 것이었습니다. 필체는 단정하면서도 힘이 넘치고 멋스러웠지요. 무슨 이유 때문인지 봉투를 뜯기도 전에 괜스레 마음이 설레고, 편지를 받아든 손은 살짝 떨리기까지 했습니다. 그 편지를 단숨에 읽었습니다. 그리고 읽고 또 읽고, 다시 천천히 읽고, 한 글자 한 글자 다시 보고, 그러기를 몇 번……. 그 밤, 낯선 남자가 보낸 편지의 이 한 구절 때문에 나는 잠을 이루지 못했습니다.

> 당신의 시를 온 마음을 다해 사랑합니다. 당신의 시는 내 속으로 들어와 나의 한 부분이 되었습니다. 사랑합니다, 당신의 시를, 사랑합니다. 당신을…….

그날, 영혼에 감전된 듯 내 시와 나에게 무한한 감동을 전하는 그의 편지를 나만이 아는 비밀 서랍에 담았습니다. 그 후에도 편지는 계속 되었고, 나의 일상엔 작은 변화가 생겼습니다. 책을 읽고 글을 쓰는 것 말고는 많은 일에 무심하던 내가 발자국 소리, 문 두

드리는 소리 하나도 놓치질 않았습니다. 쿵쿵, 문 두드리는 소리가 들리면 내 심장도 함께 쿵쿵거렸고, 손가락은 오그라드는 것만 같았습니다. 나도 모르는 사이, 애타게 기다리고 있었던 것이지요. 우편배달부가 문을 열고 그의 편지를 가져다주기를. 주기적으로 편지가 도착하면서부터는 창밖을 바라보느라 그토록 좋아하는 책의 페이지도 잘 넘겨지지가 않았습니다. 홀로 있을 때는 그가 쓴 편지를 읽고 또 읽느라 점심을 거르는 일도 있었지요.

하지만 이 신선한 교류를 마냥 즐거워할 수만은 없었습니다. 바로 그가 보낸 이 한 통의 편지 때문이었습니다. 앞으로 두 달, 석 달 뒤에는 당신을 만날 수 있을까요? 육체의 건강을 잃은 후부터 가족과 몇몇 지인을 제외하곤 누군가를 만나는 일도 이야기를 나누는 일도 없던 나였습니다. 누군가와 사랑하고 미래를 나누고 인생을 계획하는 그 평범한 행복은 내 것이 아니라고 마음을 접은 지 오래였습니다. 하지만 그의 편지가, 그의 진심이 나를 흔들어 놓고 있었습니다. 살아내기 위해서 단념하고 마음 접었던 일들을 그가 자꾸 꿈꾸게 만들고 있었습니다. 그리고 조금은 서러워졌습니다. 왜 나는 사랑하면 안 되는지. 억울한 마음에 펜을 힘껏 쥐고는, 당신을 만나고 싶습니다, 라고 쓴 적도 있었지요.

하지만 글자에 잉크가 마르기도 전에 나는 그 편지를 찢어야 했습니다. 외출 한 번에도 며칠씩 몸살을 앓는 나를, 가벼운 운동에도 몸이 파르르 떨리는 병약하고 병약한 나를 과연 그에게 어떻게 보여준단 말인가, 다시 고개를 저었습니다. 한편으로 간절히 보고 싶고, 한편으로 절대로 만나서는 안 될 것 같은 격렬한 갈등 속에서 그에게 편지를 보냈습니다. 나에게서 볼 만한 것은 아무것도 없다고, 나에게서 들을 것은 아무것도 없다고. 나는 그저 어둠 속에서 꺼져가는 촛불 같은 존재일 뿐이라고.

그는 참 끈질긴 사람이었습니다. 망설이는 내게 그는 시를 전했고, 나는 결국 그가 내게 오는 것을 막을 수 없다는 걸 인정했습니다.

그대여 사랑해 주지 않으시렵니까?
그대의 사랑이 지속되는 한
언제까지나 기다리고 있겠습니다.
죽음이란 아무것도 아니랍니다.[*]

사랑 앞에선 죽음조차 아무것도 아니라고 말하는 이 집요한 낭만주의자는 어느새 내게 마술사 같은 존재가 되었습니다. 그를 만나기로 약속한 날을 기다리면서부터 내 주변의 모든 것들이 살아

---

[*] 로버트 브라우닝의 시 〈그대여, 사랑해 주지 않으시렵니까?〉 중에서

나기 시작했으니까요. 바람이 불어 흔들리는 커튼은 물결처럼 부드럽게 미소 지었고, 햇빛이 내려앉은 방안의 석고상도 내게 인사를 건네 왔습니다. 무심히 듣던 삶의 생기 가득한 소리도 하나씩 귀에 들어오기 시작했습니다. 푸른 나뭇가지 어디에선가 새가 지저귀는 소리, 꽃을 사라고 외치는 윔폴 가의 사람들 목소리, 골목길 저편 어딘가에서 '까르르' 들렸다 사라지는 아이들의 천진한 웃음소리……. 세상엔 아름다운 소리가 가득했고, 꽃잎 하나, 햇살 하나 눈부시지 않은 것이 없었습니다.

봄의 한 가운데, 드디어 그가 찾아왔습니다. 새까만 고수머리에 발그레한 뺨을 가진 그가 거침없는 발걸음으로 방을 가로질러 내게 다가왔을 때, 급격하게 빨리 뛰기 시작한 내 심장을 혹시나 들킬까 염려했던 생각이 납니다. 그런 내 걱정은 아랑곳없이 상기된 얼굴로 선뜻 내 소파 옆자리에 앉은 그는 망설임 없이 덥석 내 손을 잡았지요. 약한 몸이니 보호본능처럼 누군가 내게 가까이 다가오는 것에 늘 거부감을 느끼던 나였습니다. 가족이 아닌 누군가와 오랫동안 손을 잡아본 적 또한 없었습니다. 그런 내게 그가 바짝 다가와 앉는데도, 두 손으로 내 손을 감싸 쥐는데도 나는 전혀 거부감을 느끼지 못했습니다. 오히려 그 모든 것을 자연스럽게 받아들였지요.

 차디찬 내 손을 그의 손이 따뜻하게 덥히는 동안, 우린 얘기를 나눴습니다. 처음 본 사이였지만 낯설어하고, 수줍어하고, 망설이고……, 우리에겐 그런 것들이 없었습니다. 나를 누구보다 잘 아는 오랜 친구를 몇 년 만에 만난 것처럼 서로 하고 싶은 얘기가 너무나 많았습니다. 어둠 속에서 인생의 진리를 생각하며 쓴 내 시가 그의 영혼을 뒤흔들어 놓았다는 얘기에 비로소 난 생의 보람을 느꼈습니다. 자신에 대한 회의와 성찰로 힘들어 하고 있다는 그의 고백은 마치 나의 고백 같았습니다. 이토록 강렬하게 사랑의 감정을 느낀 적도 확신한 적도 없다는 그의 뜨거운 진심엔 가슴이 벅찼습니다. 그렇게 그와 오랜 대화를 나눈 뒤에 난 깨달았습니다. 비로소 내가 어두운 동굴 속에서 세상 밖으로 나왔다는 것을.

 그는 계속해서 나를 찾아왔습니다. 처음에는 일주일, 곧 일주일에 두 번씩……. 그가 오지 않는 날에는 편지가 왔습니다. 그가 떠난 뒤엔 그가 준 꽃이 남아 있었습니다. 그 꽃들을 언제나 시들기 전에 곱게 말려 내 방에 걸어두었고, 얼마 지나지 않아 내 방은 그가 준 꽃들로 가득했습니다.

 처음 한동안은 믿을 수 없었습니다. 나보다 여섯 살이나 어린 건강한 남자가, 아름답고 확신에 찬 영혼을 가진 그가, 창백하고 우울한 나를 보고도 온 진심으로 나를 원한다니, 그와 같이 훌륭한 사람이 나를 좋아하다니. 그것은 꿈이나 환상 속에서나 있을 수 법한 일이라고 생각했습니다.

어떤 사람을 위해서도 내가 만족하고 있는 독신생활을 포기하리라고는 생각해본 적이 없었습니다. 내가 사랑할 수 있는 사람이 나를 사랑하는 것에서 만족을 찾을 수 있을 거라고는 더욱 생각할 수도 없었지요. 그래서 그의 마음을 온전히 받아들이기가 힘들었습니다. 그런 생각으로 마음이 어지럽던 어느 날, 그에게 이런 말을 하기도 했지요.

겨울까지 기다려보세요, 그럼 직접 보게 될 거에요. 또 다시 병에 시달리는 나약한 제 실체를. 만약 그런 일이 생기지 않는다면 그땐 그대 마음대로 하세요.

나는 분명히 다시 병들어 유령 같은 내 얼굴을 그가 보게 될 거라고 생각했습니다. 늘 그랬으니까요. 그러나 겨울은 이상하게도 온화하게 지나갔고, 내 건강이 나빠져서 그를 실망시키는 일은 없었습니다. 마침내 그는 내 인생에 없을 것만 같았던 일을 제안했습니다.

당신은 촛불아래 읽은 한 권의 시집이
우리의 마음을 따뜻하게 한다는 걸 알고 있나요.
당신의 삶의 구김살을 펴는 유일한 방법은
희망을 갖는 거라고 생각하나요.
당신은 산다는 건 참 쓸쓸한 거라고
그러나 산다는 건 그 쓸쓸함의 잔을
참고 마시는 거라고 생각하나요.
이 모든 것에 동의하신다면
그렇다면 이건 운명입니다
당신은 일평생 나와 함께 푸른 공기를 나눠 마실 유일한 사람입니다.*

　인생의 밝음만큼이나 어둡고 쓸쓸한 면을 이해하는 사람, '그래서' 사랑하는 것이 아니라 '그럼에도 불구하고' 사랑하는 것이야말로 사랑 그 자체에 대한 예의라고 믿는 고귀한 사람, 나의 시에 반해 나를 사랑하기 시작한 사람, 그가 세상에서 가장 아름다운 시로 사랑을 고백하고 내게 청혼했습니다.

　언제가 될지 모르는 딸의 장례식을 준비하며 살던 아버지가 우리의 결혼을 반대한 건 당연했을 겁니다. 하지만 고통 속에서 간신

---

*로버트 브라우닝의 시 〈청혼〉 중에서

히 삶을 지탱하던 내게 다가와 희망을 준 그에게 더는 뒷모습을 보이기 싫었습니다. 내가 좋다면 20년이라도 기다릴 수 있다는 그의 끈기 있고 사려 깊은 마음에 상처를 주고 싶지도 않았습니다. 그는 말했지요.

> 당신이 춤을 추거나 노래하길 바라는 것이 아니에요. 그저 내가 일하고 살아가는 것을, 보람 있는 삶을 살고 행복한 죽음을 맞이할 수 있도록 도와달라는 것뿐입니다. 나 또한 당신께 그런 존재가 되고 싶을 따름입니다.

그것은 내가 할 수 있는 일이었습니다. 또 너무나 간절히 하고 싶은 일이었습니다. 할 수만 있다면, 내가 할 수 있는 모든 것을 다 해 나를 사랑한 그를 사랑하고 싶었습니다.

나는 그와 함께 떠났습니다. 단조로운 런던과는 다른 곳, 어둡고 흐린 날씨 대신 햇빛에 눈이 부시는 곳, 웅성거리는 소리 대신 밝고 명랑한 거리의 소음이 들리는 곳. 아니, 그때 나는 내 과거를, 음울하고 외롭고 황량한 지난날을 잊을 수 있는 곳을 찾아 떠났던 건지도 모르겠습니다. 그렇게 우리는 프랑스를 가로질러 센 강, 론 강을 끼고 니스로, 피사로, 피렌체로 떠났습니다.

참 이상하지요. 글 쓰는 것 말고는 무엇이든 할 수 없을 것 같았던 내가, 홀로 산책조차 버거워하던 내가 그 시간에 해냈던 일들은 나조차도 놀라운 것이었습니다. 마차를 타고 공원을 가는 대신 부츠를 신고 바위 위에 올랐고, 와인을 조금만 마셔도 두통에 시달리던 내가 날마다 키안티*를 마시며 깊은 잠에 빠지곤 했습니다.

햇빛 속에서도 쏟아지는 빗속에서도 추위 속에서도 그와 함께여서 즐거웠습니다. 그리고 우린 가장 놀라운 기적까지 만들어냈습니다. 그 누가 상상이나 할 수 있었을까요? 시한부 선고를 받았던 내가, 혼자서는 산책조차 하기 버거워하던 내가 건강하고 건강한 아들 페니니를 낳을 줄. 네 번의 유산을 겪으면서도 그와 난 포기하지 않았고, 신은 우리에게 생애 가장 큰 기쁨을 선물했습니다.

그와 함께한 믿지 못할 아름다운 순간들이 떠오릅니다. 자줏빛 빛깔로 물들어가는 피렌체의 하늘과 쏟아지던 별들을 보며 그가 내게 향해 내밀던 따뜻한 손, 아이를 안은 채 장엄하고 환상적인 아펜니노 산맥을 여행하며 느꼈던 벅찬 경이로움, 교환일기를 쓰듯 인생과 사랑이 담긴 아름다운 시들을 서로에게 선물하고 선물받던 충만한 시간들…….

어두운 런던의 윔폴 가에서 불행했던 어느 날, 이런 시를 쓴 적이 있습니다.

* 토스카니 지방의 적포도주

수년이 흘러 그녀는 이제 행복해졌습니다.

그것은 이제 그 누구도 아닌, 내 이야기가 되었습니다. 그것은 모두가 나의 꿈이었고 기적이었던 그가 만들어 낸 마술이었습니다. 사람들은 말했습니다. 내가 그와 함께 할 시간은 채 1년이 되지 않을지도 모른다고. 그러나 또 다시 수년이 흘러 그와 15년이란 시간을 함께 했습니다. 그의 신앙과도 같은 사랑이 나를 살게 한 것이지요.

언젠가 우리에게도 마지막 시간이 찾아오겠지요. 그때 그의 품에 안겨 마지막 인사를 할 수 있다면 난 이렇게 말할 것입니다.

우리, 참… 아름다웠지요?

그 남자 이야기

그녀의 시를 처음 만난 그때, 그 느낌을 뭐라고 표현할 길이 없습니다. 그녀의 시를 읽는 순간, 그저 나도 모르게 이 말을 하고 있었다는 것밖에는.

이 사람이다, 이 사람이다, 이 사람이다.

산다는 일이 참 공허하던 시절이었습니다. 젊은 시절의 혈기는 조금씩 사라지고 있었고, 누군가를 만나도 헛헛하기만 했습니다. 인생의 의미를 찾는 일도, 세상의 진리를 찾아 시를 쓰는 일도 모두 버겁게 느껴졌습니다. 언젠가부터 그 누구도 사랑할 수가 없었습니다. 아니 돌아보면 그 누구도 진심으로 사랑한 적이 없었습니다. 주위를 둘러봐도 진심을 터놓고 마음을 나눌 사람이 보이질 않았습니다. 이대로 삶이 흘러가도 괜찮은 것인지, 초조함과 무력함에 시달리던 그때, 닥치는 대로 책을 찾아 읽다가 그녀의 시집을 만났습니다.

그리스 신화와 성경을 새로운 시각에서 재해석한 그녀의 시들은 내 영혼을 감전시켰습니다. 삶과 죽음을 이렇듯 깊이 성찰하는 사람이라면, 진리에 대한 고민을 이처럼 치열하게 하는 사람이라면, 타인의 시선이 아닌 자신의 시선을 찾아 세상과 인간을 관찰하려는 사람이라면 믿어도 좋을 것 같았습니다. 아니, 내 온 생애를 걸어도 좋을 것 같았습니다. 그렇게 사랑의 확신은 한 줄의 시로부터 찾아왔습니다.

무엇이 나를 그렇듯 용감하게 만들었던 것일까요? 그저, 그때는 그랬습니다. 너무나 그리워하던 연인의 소식을 들은 것처럼 기쁘고 설레는 마음에 밤에 잠조차 잘 수가 없었습니다. 눈을 감으면 그녀의 시들이 내게 말을 걸어왔고, 고요하고 단아할 것 같은 아름다운 그녀의 모습이 그려졌습니다. 당연히 가슴 깊이 끓어오르는 이 뜨거운 감정을 전하는 것만이 내가 할 일이라 여겼습니다. 이렇듯 열렬한 감정은 인생에 두 번 찾아오지 않는다고 믿었습니다. 어쩌면 내가 그토록 찾아 헤매던 인생의 답을 그녀와 함께 찾을 수 있을지 모른다는 생각에 가슴이 벅차올랐고, 다시 생은 활기를 띠기 시작했지요.

나는 그녀에게 편지를 보냈습니다. 당신의 시가 운명처럼 내 안으로 들어와 당신의 시와, 당신을 사랑하게 되었다고. 편지를 보내놓고 답장을 기다리던 그때가 내 생애 가장 초조한 순간이자 가장 즐거운 순간 중에 하나였습니다. 나는 다시 사랑을 꿈꾸기 시작했고 왜 살아야 하는지 그 답을 찾을 수 있을 것만 같았으니까요. 문을 두드리는 소리가 들릴 때마다 그녀의 답장이 온 것일까, 짜릿한 긴장감을 느꼈습니다. 길을 걸을 때면 우연히 그녀를 스친 것은 아닐까 괜스레 아쉽고 허탈한 마음이 들었지요.

기적처럼 그녀에게 답장이 왔지만, 그것은 내 기대를 저버리는 것이었습니다. 그녀는 예의를 갖춰 자신의 시에 대한 찬사와 관심에 진심으로 감사를 표했지만, 이미 타오르기 시작한 내 감정에는 침묵으로 일관했습니다. 그러나 나는 그녀의 편지를 받은 것만으로 용기가 생겼습니다. 이후에도 나는 그녀에게 편지를 보냈고 문학과 예술과 인생에 대한 이야기들을 나눌 수 있었습니다. 편지를 주고받으면서 나는 내 감정이, 내 판단이 틀리지 않았음을 확신했습니다.

그런 내 마음과 다르게 그녀는 어느 날, 결심을 한 듯 내게 아픈 고백의 시를 보내왔습니다.

제가 쓴 시가 저의 꽃이라면 저의 나머지는 흙과 어둠에 어울리는 한낱 뿌리에 불과해요.

더욱 이 사랑을 포기할 수 없었습니다. 나는 한 송이 꽃을 피우기 위해 어둠 속에서 치열하게 세월을 견딘 뿌리를 사랑하는 사람이었습니다. 눈부신 화려함보다 생의 우수를 아는 사람, 그래서 더욱 겸손한 사람, 그렇기 때문에 더욱 빛나는 사람, 그녀를 나는 그렇게 이해했습니다. 그런데도 몇 번이나 그녀는 내 마음을 돌려보냈습니다. 허나 마음이 조급하지 않았습니다. 넘어져도 눈물 닦고 허허 웃고 좌절해도 다시 일어나는 것, 그래서 사랑을 좇다가 삶을 마치는 것, 그것이 내가 바라는 인생이었기 때문입니다.

　결국, 나의 집요함 때문이었을까요? 그녀는 나의 방문을 허락했습니다. 소파에 앉은 채 나를 바라보던 그녀의 투명하고 맑은 눈빛을 기억합니다. 그녀의 곁에서 얘기를 나누는 사이, 어느 새 창백한 뺨이 복숭아 빛으로 물들어가던 모습도. 그녀의 옆자리에 앉아 시를, 인생을, 우리의 믿음을 이야기하면서, 우리는 서로의 모든 의견에 진심으로 공감했습니다. 문학과 인생을 하나로 생각하며 살아가는 그녀의 얘기는 내 얘기였습니다. 사랑이란 서로가 보람 있는 생을 살 수 있도록 도와주는 일이어야 한다는 얘기 또한 그랬지요. 어쩌면 이렇게 내 생각과 똑같을 수가 있을까? 참으로 신기하고 감사했습니다. 그때 더욱 간절히 기도했습니다. 지금처럼 내내 그녀의 옆자리에 앉아 있을 수 있기를.

실은 그녀가 척추에 치료 불가능한 손상을 입고 있어서 평생 동안 일어설 수 없을지도 모른다는 느낌을 받았던 것도 사실입니다. 이런 이유 때문에 그녀 자신이 몹시 괴로워했다는 것도 잘 알고 있었습니다. 병약한 자신의 삶이 내게 부담이 될까 봐, 사회적 의무나 삶의 쾌락에도 미숙한 존재인 자신에게 내가 지칠까 봐, 그렇게 그녀의 삶이 내 삶을 망가뜨릴까 봐 그녀가 얼마나 두려워하는지도 짐작할 수 있었습니다.

그것이 못내 가슴 아팠습니다. 자신의 처지 때문에 사랑을 망설이는 그녀가, 그녀 자신보다 어느새 나 자신을 염려하는 그녀가 안타까웠습니다. 하지만 어려운 현실과 실제 생활이 사랑을 갉아먹을지라도, 혹 그것이 사실일지라도 그것이 한 영혼과 다른 영혼의 순수한 사랑을 억누를 수는 없는 일이 아니겠습니까?

그녀는 고민하며 망설였습니다. 그녀를 괴롭히고 싶지는 않았습니다. 자신의 상황을 또 다시 한탄하며 스스로의 삶에 비애를 느끼게 하고 싶지도 않았습니다. 그래서 말했습니다. 그대만 좋다면 20년쯤 기다릴 자신이 있다고. 그때가 되면 우리 둘 다 늙어서 적어도 그때엔 내가 지금 스스로를 이해하듯이 그대도 나를 이해하게 되고, 내가 그대에게 준 것은 지울 수 없는 사랑이라는 걸 알게 될 것이라고.

그런 내 마음을 헤아렸던 것일까요? 그녀는 언젠가 내게 이 아름다운 시를 선물하기도 했습니다.

> 당신이 날 사랑해야 한다면 다른 아무것도 아닌
> 오직 사랑만을 위해 사랑해주세요.
> 이렇게 말하지 마세요,
> '그녀의 미소와 외모와 부드러운 말씨 때문에 그녀를 사랑해'
> 연민으로 내 볼에 흐르는 눈물 닦아주는 마음으로 사랑하지 마세요.
> 당신 위로 오래 받으면 우는 걸 잊고
> 그래서 당신 사랑까지 잃으면 어떡해요.
> 그저 오직 사랑만을 위해 사랑해주세요.
> 사랑의 영원함으로 당신이 언제까지나 사랑할 수 있도록.*

사랑만을 위한 사랑, 사랑하기 때문에 사랑하는 게 아니라 사랑할 수밖에 없어서 하는 사랑, 그녀는 그것이 진실한 사랑임을 알고 있었습니다. 내가 그녀에게 느끼는 사랑 또한 그것이었지요. 그리고 감히, 나는 그 사랑이 우리를 지켜줄 거라 확신했습니다.

몇몇 지인들은 내 이런 사랑을 염려했습니다. 사랑이 버거운 현

---

*엘리자베스 배릿 브라우닝의 시 〈당신이 날 사랑해야 한다면〉 중에서

실이 될 때 이 선택을 후회하게 될 거라고. 그러나 이상하게도 나는 그 무엇 하나 걱정이 되질 않았습니다. 아무도 믿지 않았던 그녀의 회복을 절대적으로 믿고 있었으니까요.

처음 그녀를 만난 날, 그녀의 창백한 뺨이 홍조로 물들던 그때, 나지막하게 가라앉던 그녀의 목소리가 아름다운 '솔' 음으로 올라가며 들뜨던 그때, 그녀의 손에서 따뜻한 온기가 느껴지던 그때, 나는 확신했습니다. 남들이 생각하는 것보다, 아니 우리가 생각하는 것보다 우리에게 주어진 시간은 더 길지도 모른다고. 혹여, 그렇지 않다고 할지라도 우리의 1년을 남들의 10년처럼 보낼 자신이 있었습니다. 그 무엇도 아닌 사랑 하나만을 위해 함께할 우리에게 신이 축복의 시간을 선물할 거라고 나는 믿고 또 믿었습니다.

하지만 우리의 이런 확신을 가족과 친구들에게 이해시키기는 어려웠습니다. 딸의 죽음만을 바라보며 그녀의 어둠만을 지켜온 아버지에겐 더욱 받아들이기 어려운 현실이었겠지요. 이미 유명한 시인이지만 여섯 살이나 많은 병약한 여인이라는 이유로 내 가족 또한 결혼을 반대했습니다.

그래서 우린 오로지 증인 두 사람만을 세운 채 비밀리에 결혼식을 올렸습니다. 그리고 그녀를 위해 어둡고 습한 런던을 떠나, 따뜻한 햇살과 포근한 기운이 넘치는 곳으로 떠났습니다.

니스와 피사, 피렌체에서 함께한 시간들이 떠오릅니다. 부서질 듯 약한 몸으로 그녀는 기적처럼 참 많은 일을 해냈지요. 외출조차 홀로 하지 못하던 그녀였는데 가파른 언덕을 나와 함께 올라 해지는 저녁놀을 바라봤습니다. 우리의 아름다운 보금자리를 살뜰하게 보살폈고, 세상을 더욱 열렬한 눈으로 바라보며 수많은 시를 썼지요. 그럴 뿐 아니라 그녀는 네 번의 유산에도 포기하지 않고 그 누구도 예상하지 못한 우리 사랑의 결실, 아들 페니니를 낳았습니다. 땀으로 범벅이 된 그녀의 머리카락을 쓸어 올리며 키스하던 그때, 꼬물거리는 아이의 손가락이 내 손가락을 힘주어 잡던 그때, 나는 진심으로 신께 감사했습니다.

그 빛나던 시간에 그녀가 내게 선물한 시가 있었습니다.

나는 안전하고 굳세고 환희에 차 있습니다.
이슬 없는 천국의 꽃 사이에 서 있는 이가
지상의 고달픈 시간을 뒤돌아보듯
저도 부푼 가슴으로 여기 선과 악 사이에 서서 증언합니다.
사랑은 죽음처럼 강하며 또한 소생시킬 수도 있다는 것을.
그의 사랑은 신앙과도 같은 것이었습니다.*

---

* 엘리자베스 배릿 브라우닝의 시집 《포르투갈인의 소네트》 가운데 27 〈사랑의 기쁨〉 중에서

몸은 비록 병약하였으나 영혼만은 강인하던 사람, 참 아름다운 사람. 그녀와 함께 한 15년의 결혼생활을 '기적'이 아닌 다른 말로 설명할 수 있을까요?

내게 한 편의 시로 다가와 시처럼 살다간 그녀. 그녀는 가고 없지만 그녀가 남긴 시가 이제 나의 남은 생을 위로하고 있습니다.

내가 당신을 어떻게 사랑하느냐구요? 헤아려봅니다. 내 영혼이 닿을 수 있는 깊이만큼, 넓이만큼, 높이만큼 당신을 사랑합니다.

내가 잃었던 것으로 여겼던 사랑으로,
내 평생의 숨결과, 미소와 눈물로 당신을 사랑합니다.
그리고 신의 부름을 받을지라도
죽은 후에 더욱 당신을 사랑하겠습니다.*

---

*《포르투갈인의 소네트》가운데 43 〈 내가 당신을 어떻게 사랑하느냐구요? 〉 중에서

그 남자
로버트 브라우닝
Robert Browning 1812~1889

    영국 빅토리아 시대를 대표하는 시인. 부유한 은행가의 아들로 태어났지만 정규교육을 받는 대신 다재다능한 아버지로부터 그리스어와 라틴어의 기초를 배웠고, 서가의 수많은 책을 통해 지식을 습득했다. 그의 작품 중 《파라셀서스 Paracelsus》는 자기중심적인 회의와 고민 그리고 지식만을 탐욕스럽게 추구하는 주인공이 결국은 무한한 사랑으로 구제받는 모습을 그리고 있다. 자서전적 요소를 가진 작품으로 유명하다.

    작품 속 주인공처럼 그에게 사랑은 남다른 의미를 가지고 있다. 그는 유명한 여류시인인 엘리자베스 배럿을 만나 영화 같은 사랑을 했고 그때부터 그의 작품세계도 더욱 빛났다. 두 사람은 병약한 엘리자베스를 이유로 양쪽 집안의 반대가 거세지자 비밀리에 결혼식을 올렸다. 당시 로버트는 무명에 불과했으나 그녀는 명성이 높아 사람들은 그를 '엘리자베스의 남편' 정도로 알았다. 그들은 이탈리아로 건너가 잠시 머물기로 하였으나 부친의 화가 풀리지 않아 돌아오지 못하고 그곳에서 15년을 살았다.

    객지에서 고독하게 살면서 그는 다작을 피하고 작품의 완성도를 높여 훌륭한 문학적 성과를 올렸다. 그의 대표적인 문학적 형식인 '극적 독백(독자, 화자, 시인을 사이에 두고 화자를 통해 시인이 전하고자 하는 의미를 대리 전달하는 기법)'은 이때 더욱 발전됐다.

    행복하던 시절, 그는 《남과 여 Men and Woman》라는 시집을 발표했으며 그녀가 죽자 아들을 데리고 영국으로 귀국했다. 더욱 창작에 전념한 만년에 이르러 빛나는 명성과 테니슨에 버금가는 평판을 얻었다. 2만 행이 넘는 대작 《반지와 책The Ring & the Book)은 그의 평생 역작으로, '극적 독백'의 수법으로 집필한 12권의 장시다.

1888년 이탈리아로 돌아가 그곳에서 대성한 화가인 아들 페니니와 말년을 보내다 베네치아에서 세상을 떠났다. 그는 평생의 사랑인 아내 곁에 묻히길 원했으나 영국 의회의 권고로 영국으로 옮겨져 웨스트민스터 사원 시인의 묘에 묻혔다.

그 여자
엘리자베스 배럿 브라우닝
Elizabeth Barret Browning 1806~1861

지금은 문학사적으로 남편의 그늘에 가려졌지만 생존 당시 영국에서 가장 인기 있는 시인이었다. 그녀는 네 살 때부터 시를 쓰기 시작했고, 여덟 살에 이미 호머를 원어로 읽을 정도로 총명했다. 하지만 뛰어난 재능을 가진 그녀의 10대는 불운했다. 열다섯 살이 되던 해 말에서 떨어져 척추를 다친 후 평생을 침상에서 지내야 하는 처지가 되었으며, 후엔 가슴에 대동맥까지 파열되어 늘 죽음을 생각하며 살았다.

1845년 로버트 브라우닝이 그녀에게 편지를 쓰기 시작했을 때 그녀의 나이는 서른여덟, 그는 서른두 살이었다. 이렇게 시작된 서신 교환은 책 두 권 분량이 넘었다. 그녀의 작품 중 남편에 대한 사랑을 보여주는 《포르투갈인의 소네트 sonnets from the Portuguees》는 아직까지도 많은 사랑을 받고 있다.

아름다운 사랑의 시로 유명한 시인이지만, 당시 그녀는 자유와 인간의 신념을 보여주는 작품에서 독립적인 여성을 자화상을 그리듯 주인공으로 내세운 최초의 영어 작품 〈오로라 리 Aurora Leigh〉를 쓰면서 주목받았다. 그리고 이 작품은 현대에 와서도 점점 더 많은 비평가들의 주목을 받고 있다.

4부
그리고…
함께 걷다

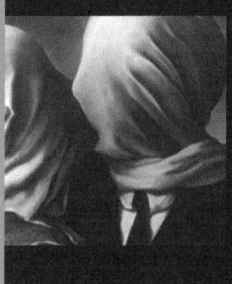

애거서 크리스티와 맥스 맬로원
존 스튜어트 밀과 해리엇 테일러
루쉰과 쉬광핑

그대와 나,
우리가 함께여야 하는 이유

브로트놀 《다음엔 어디로?》 중에서

그남자이야기

25년 전, 그녀를 처음 만난 곳은 고대 유적지 '우르'라는 곳이었어요. 아브라함의 고향으로 알려진 이곳을 그녀가 방문하면서 우리의 만남이 시작됐지만, 사실 저는 그전부터 그녀에게 관심이 있었습니다. 저 자신이 그녀의 추리소설을 감탄하며 읽던 독자인데다 발굴팀장의 부인 또한 그녀의 열렬한 팬이어서 그녀에 대한 이런저런 얘기를 많이 들어왔죠. 하지만 남다른 시선이 가기 시작한 건

애거서 크리스티와
맥스 맬로원

많은 사람들이 기억하는 그 사건, 그녀가 평생 동안 입을 다문 그 실종사건을 신문에서 본 순간부터였습니다.

여성 추리 작가, 실종!

그 기사가 눈에 띈 건 한쪽에 실린 그녀의 사진 때문이었습니다. 사진 속 그녀의 커다란 눈매는 고요하면서도 어딘가 쓸쓸해보였습니다. 날씬한 콧대를 지나 자리 잡은 얇은 입술은 웃을 듯 말 듯 한 미묘한 표정을 담고 있었죠. 문득 강한 호기심이 들었고, 한참 그녀의 사진을 들여다봤던 것 같습니다. 그녀는 무척 섬세하고 여린 사람처럼 보였어요. 섬세했기 때문에 외모에 감춰진 사람들의 내면을 파헤치는 추리소설을 쓸 수 있었고, 여렸기 때문에 타인의 일을 내 일처럼 생각하며 사건에 뛰어드는 주인공들을 만들어낼 수 있었을 거란 생각이 들었습니다.

그녀가 실종된 지 열하루째, 어느 고요한 호숫가 길 한 쪽에서 그녀의 차가 발견됐습니다. 차 안에는 외투와 핸드백뿐, 아무도 없었습니다. 신문은 그녀가 사라진 게 남편의 외도 때문이라고 밝히고 있었어요. 이 사건은 한참이나 사람들의 화제에 오르내렸죠. 어떤 이는 그녀가 자살했다고 추측했고, 또 어떤 이는 남편에게 복수하기 위한 치밀한 자작극일지도 모른다고 했죠.

그리고 그날, 그녀는 근처 호텔에서 발견됐습니다. 당시 그녀는 기억상실증에 걸려 있었고, 자신을 찾아온 남편을 알아보지도 못했다는 신문기사를 읽었던 기억이 납니다. 얼마나 극심한 고통을 겪었기에 신경이 무너져버린 걸까, 사랑의 배신은 사람에게 어떤 고통을 주는 것일까, 꽤 오랫동안 그 사건의 잔상이 제 안에 남아 있었습니다.

몇 년 뒤, 모래바람 날리는 폐허의 도시 우르에서 운명처럼 그녀를 만났습니다. 실종 사건의 이미지 때문이었을까요? 메마른 언덕

위에 서 있는 그녀는 위태로워 보였습니다. 작업복 차림의 발굴팀 사이에서 치마와 모자, 핸드백과 양산 차림을 한 그녀는 더욱 이방인처럼 낯설고 외로운 모습이었죠.

발굴팀장의 부인은 내게 그녀를 위해 발굴지 안내를 맡아 줄 것을 부탁했습니다. 저는 흔쾌히 수락했습니다. 아니, 부탁을 받지 않았다면 내가 하겠다고 나섰을지도 모르겠어요. 그냥, 그녀와 얘기해보고 싶었습니다. 궁금하기도 했죠. 그 사건 이후로 어떻게 지냈는지 마치 전부터 알던 사람처럼 걱정이 되고 안부를 묻고 싶었습니다. 그러나 저는 발굴 현장을 안내하면서 그녀에게 그런 것들을 묻지는 못했습니다. 그녀를 마주 보는 순간, 이상하게도 말을 아끼게 됐죠. 내성적인데 낯까지 가리는 그녀를 쓸데없는 말로 불편하게 만들고 싶지가 않았습니다. 또 이 여행이 그녀에게 무척이나 의미 있는 시간이라는 걸 짐작할 수 있었기에, 그녀가 더 많은 것을 보고 느끼며 남아있는 상처를 치유할 수 있다면 좋겠다고 생각했습니다.

꽤 오랜 시간 우리는 우르의 이곳저곳을 함께 다녔습니다. 그녀는 발굴 작업에 강한 흥미를 보였습니다. 뜨거운 땀이 뚝뚝 흐르는 현장에서 눈 한번 찡그리지 않은 채 집중하는 그녀는 자신의 소설 속 주인공 그대로였습니다. 그녀는 마치 과거에 만들어진 조각난

단서를 놓고 현재를 재구성하고 범인을 찾아내는 탐정 같았죠. 그녀는 현장에서 발견한 발자국의 깊이로 범인의 몸무게와 체형을 알아내는 형사처럼 1센티미터 깊이의 차이로 변해가는 지층의 빛깔을 관찰했습니다. 또 담이 무너진 방향과 그 흔적인 벽돌의 색깔을 예리하게 바라봤고, 옛사람의 집의 구조를 분석하는 발굴팀 얘기엔 눈을 반짝이며 꼼꼼하게 기록했죠. 그녀는 다른 사람처럼 보였습니다. 내향적인 작가가 아닌, 모험심 강한 여형사 같았다고나 할까요? 그럴 땐 영락없이 그녀가 만들어 낸 주인공 '미스 마플'이었습니다.

알고 보면 탐정이 범인을 가리기 위해 수사하는 일과 발굴하는 일은 어딘가 비슷한 점이 있습니다. 둘 다 모든 것이 사라지고 난 뒤, 남겨진 흔적을 찾아내서 과거를 추리하며 수수께끼를 풀어낸다는 점이 그렇죠. 그런 공통점 때문이었을까요? 우리는 서로의 작업에 깊은 관심을 보였고 빠르게 가까워졌습니다.

해가 뉘엿뉘엿 지고 둥근 달이 뜬 깊은 밤, 우린 인생과 사랑을 얘기했습니다. 그리고 며칠이 지난 어느 날, 그녀는 믿었던 사랑의 배신에 흔들렸던 인생에 대해 먼저 얘기를 꺼냈습니다. 담담하게 슬픔을 고백하며 밤하늘을 오랫동안 들여다보는 그녀의 옆모습을 물끄러미 바라보는데 이상하게 가슴이 시큰거렸습니다. 저는 그때 이십대 중반의 어린 나이였지만, 충분히 느낄 수 있었어요. 이 순간이 내 인생의 하나가 되어 잊히지 않는 흔적이 되겠구나, 하는 걸. 그때 그녀가 말했죠.

이제 털어버리려고 해요. 여기 오니까 비로소 잊을 수 있을 것 같네요. 영겁의 세월이 말해주는 것처럼 모든 건 지나가게 돼 있는 거 아니겠어요? 내 상처도 곧 지나가겠죠. 나도 이제 과거가 아닌 현재를 살아야겠어요. 아직도 내가 찾아내야 할 인생의 진리가 많이 남아있을 거라고 믿고 싶어요.

그 순간, 그녀야말로 내가 찾던 사람일지 모른다고 생각했습니다. 산다는 것의 진정한 본질이 이런 순간순간에 있다는 것을 아는 사람, 삶의 진리를 찾기 위해 기꺼이 모험에 인생을 내맡길 수 있는 사람. 그녀가 바로 그런 사람이라고 믿었습니다.

그녀가 여행을 마치고 집으로 돌아가야 하는 시간이 다가올수록 초조해지더군요. 그녀를 다시 만날 기회가 있을까, 이 시간이 지나면 그녀를 얻을 기회를 잃는 게 아닐까? 그래서 넌지시 그녀에게 다시 만날 수 있느냐고 물었고, 다정한 미소로 고개를 끄덕이는 그녀를 보며 용기를 내기로 했습니다.

그녀가 돌아간 뒤 오랜 고민 끝에 몇 년 동안 몸담았던 발굴 팀을 나왔습니다. 그리고 그녀가 있는 영국 데번으로 말없이 건너갔죠. 그녀에게 청혼하기 위해서였습니다. 그녀가 처음부터 내 청혼을 흔쾌히 받아들일 거라고 생각하진 않았습니다. 유명한 여류 작가에게 나란 사람은 풋내기 고고학자일 수도 있다, 그런 생각을 왜 하지 않았겠습니까? 예상한 일이지만 그녀는 생각보다 더 완강하게 내 청혼을 거절했습니다.

자신은 열네 살이나 많은, 세상이 다 아는 유명한 이혼녀라면서요. 그러면서 그녀는 쓸쓸하게 말하더군요. 이제 사랑에 모험을 거는 일 따위는 하고 싶지 않다고. 그녀의 상처를 잘 알기에, 현실의 장벽 또한 높다는 걸 인정하고 있었기에, 그녀의 입장을 이해하려고 애썼습니다. 하지만 전 믿고 싶었습니다. 우르에서의 그녀, 호기심 많고 열정적인 그녀의 마음에 내가 있다는 사실을. 그것 하나만 가슴에 담고 싶었습니다.

저는 먼저 그녀가 사랑하고 아끼는 사람들을 만나 내 편으로 만들려고 노력했습니다. 그녀의 사랑스러운 딸 로잘린에게 엄마를 얼마나 사랑하는지 알리려고 애썼고, 그녀의 여동생들과 남편들을 만나 진심을 고백하고 그녀를 설득해달라고 부탁했죠. 그리고 그녀에게 말했습니다. 당신의 소설 속 그 멋진 주인공이 바로 당신이라고, 무엇이든 할 수 있는 사람, 편견 없이 인생을 살 수 있는 사람, 그 사람이 바로 당신이라고, 또 그 가치를 누구보다 잘 알고 사랑하는 사람이 바로 나라고.

그녀는 결국 고민 끝에 용기를 냈습니다. 위험하더라도 내 모험에 기꺼이 함께 할 것을.

이런 질문을 받은 적이 있습니다. 추리소설 작가를 아내로 둬서 좋은 점이 뭐냐고. 추리소설 작가야말로 고고학자에는 더 할 수 없는 파트너입니다. 그녀 안에 내재되어 있는 열정과 모험심은 언제나 저를 자극시키지요. 하나의 단서를 찾기 위해 주변을 샅샅이 뒤지는 탐정처럼, 그녀는 인생의 답을 찾기 위해서라면 망설이지 않았습니다. 이라크에서 시리아로, 니네베로, 아파라치야로, 샤가 바자르로 그리고 님루드로 떠났던 우리의 여행이 계속 될 수 있었던 건 그녀가 가진, 인생에 대한 강한 탐구심 때문이었습니다.

보이지 않는 삶의 흔적을 파헤치느라 일상에 지쳐 허덕거릴 때 그녀는 빛나는 진실이야말로 가장 마지막에 나타나는 거라며 저를 다독였습니다. 수천 년 전 사람들의 깨진 도자기며 악기를 보며, 아득한 세월을 따라 건너온 그들의 재능과 열정에 감탄하며 감동하는 그녀의 모습은 고고학자인 제게 가장 큰 보람이었죠.

우리 두 사람은 인생의 수수께끼를 찾아 25년을 함께 했습니다. 거짓으로 빚어진 보잘 것 없는 단서 앞에서 쩔쩔 매던 탐정처럼 많은 시간을 헛되이 보낸 적도 있었고, 풀리지 않는 서로에 대한 물음표를 놓고 신경전을 벌인 적도 많았죠. 그렇게 세월을 따라 인생을 함께 여행했습니다. 그러는 사이 저는 이렇게 머리가 조금씩 벗겨졌고, 그녀의 머리도 금발에서 은발이 되었네요. 그녀는 내게 세월의 보답으로 나만을 위한 작품을 써줬고, 나는 님루드 연구를 그녀에게 바쳤습니다.

처음 만나 강렬하게 느끼던 우리의 감정들은 이제 빛바랜 유적만큼이나 낡았고 퇴색됐겠죠. 그래요, 우리는 늙었습니다. 그런데 그 사실이 나쁘지 않네요. 때로는 마음 한쪽이 따뜻해져오는 이 묵직한 신뢰와 뭉클한 연민과 평화로운 위안은 세월이 우리에게 준 선물일 테니까요.

글을 쓰다 책상에 엎드려 잠든 그녀의 뒷모습에 괜히 눈물이 난 적도 있었습니다. 오래 여행을 떠나 있으면, 어지럽히기 선수에다가 건망증 때문에 나 없인 펜 하나도 제대로 못 찾는 그녀가 걱정돼 쉽게 잠을 이루지 못한 적도 많았죠. 타지에서 그녀가 좋아하는 홍차를 마시다가 그녀 생각에 찻잔을 내려놓은 적도 있었습니다. 어려운 작업을 성공적으로 마치면 어린아이처럼 그녀에게 가장 먼저 달려갔고, 그녀는 그 누구보다 기뻐해줬습니다.

남들은 몰라도 그녀는 압니다. 내가 이뤄낸 연구와 성과들 뒤에 남몰래 흘린 땀을. 나는 압니다. 그녀가 한 줄의 글을 쓰기 위해 방 안을 얼마나 서성였는지를, 그 치열한 퍼즐을 푸느라 극심한 편두통과 위장병에 얼마나 시달렸는지. 그렇게 우리는 서로의 인생을 서로의 가슴 속에 기록하고 있었던 겁니다. 그렇게 차곡차곡 우리의 세월을 쌓으면서 우리가 찾은 인생의 수수께끼도 있을 거고, 그렇지 못한 것들도 있을 겁니다. 그러나 뭐, 어떻습니까? 우리는 우리 몫의 진실을 찾기 위해 애써 왔고 앞으로 그럴 겁니다.

제게 사랑이 무엇이냐고 물으셨나요?

글쎄요, 지나온 세월이 알려준 바로는 사랑이란 그런 것 같습니다. 인생의 답을 찾기 위해 수많은 모험을 함께 하며 서로를 지켜주는 것. 이제 그녀에게 한마디 해도 될까요?

사랑합니다. 내게 와줘서 정말 고마워요.

그여자 이야기

여러분도 아시다시피 제가 좀 내성적인 편이잖아요, 그래서 이런 자리를 좀 어려워하는데……. 그래도 오늘은 한마디 해야겠죠? 특별한 날이니까요. 먼저 그에게 키스부터 보낼게요.

25년 전 그이가 생각나네요. 무모할 정도로 열정적으로 내게 다가온 스물여섯 살의 발굴 조교. 그때 그는 정말 풋풋하고 신선했는데, 이제 많이 늙었네요. 머리숱도 줄고, 저 근엄한 콧수염 좀 보세요. 저도 마찬가지죠. 믿기지 않겠지만 그이한테 물어보세요. 그때만 해도 저 정말 늘씬했다니까요. 그래도 그이는 갈수록 절 더 좋아하는 것 같아요. 왜냐고요? 그인 고고학자니까요. 이 사람들은 뭐든 오래된 걸 좋아하잖아요. 연상인 내게 청혼한 것만 봐도 그렇죠. 농담처럼 말했지만, 우리가 20년이 훨씬 넘게 함께 할 수 있었던 건 모두 그이의 용기와 노력 때문이었어요.

지난 시간, 행복할 때나 어려울 때나 종종 우리가 처음 만났던 '우르'를 생각했어요. 어쩌다 그에게 서운한 맘이 들 때도, 그때 그 시간을 생각하면 다시 고마운 마음이 들었고 그의 진심을 생각하며 사소한 오해들을 풀 수가 있었죠. 부부에게 그런 잊지 못할 추억이 있다는 건 참 고맙고 힘이 되는 일이예요.

25, 6년 전 우르에서 놀라운 발굴 성과가 있었어요. 인류 문명의 뿌리라고 할 수 있는 수메르 인들의 발자취가 그때 드러난 거죠. 그곳에 관심을 갖게 된 건 마흔 살 무렵이었어요. 첫 번째 결혼에 실패한 후, 2년 동안 여행을 참 많이 다녔어요. 어디든 사람들이 없는 곳으로, 날 알아보지 못하는 곳으로 가고 싶은 마음뿐이었죠.

어머니가 돌아가신 충격도 가시기 전에 전 남편이 다른 여자를 사랑하고 있다는 걸 알았어요. 그토록 그의 마음을 잡으려고 애썼지만 변해버린 사랑 앞에선 속수무책이었죠. 전 변화보다 안정을 추구하는 사람이었어요. 직업란에도 '작가' 대신 '주부'를 쓸 정도로 내 가정에 충실했고, 또 그렇게 안온하고 평화로운 삶을 살 수 있기를 바랐죠. 하지만 사랑의 배신이 내 삶을 무너뜨렸어요. 모든 것이 변한다는, 인정할 수밖에 없는 인생의 진리 앞에서 반항하는 심정으로 정신을 놓아버린 시간도 있었죠. 그 당시 전 정신적으로도 몹시 쇠약했어요. 하지만 털고 일어나야했어요. 사랑의 배신에 대한 가장 큰 복수는 더 잘 사는 모습을 보여주는 거라고 생각했으니까요.

그런 마음으로 무작정 떠난 여행 중에 젊은 해군 장교 부부를 만났어요. 그때 그들에게 신비롭고 매력적인 우르라는 곳에 대해 자세한 애길 듣게 됐어요. 저는 당장 여행 일정을 수정해 우르로 떠날 것을 결심했죠. 그 부부의 열광적인 예찬에도 마음이 움직였지만 무엇보다 마음에 들었던 건 우르가 고대 유적지라는 사실이었어요. 어쩌면 허망하게 변해버린 사랑의 상처가 더는 변하지 않을 무엇을 찾게 했는지도 모르겠어요. 수천 수만 년 전의 시간 속에 빠지면 현재의 나를 잊을 수도 있을 것 같았죠.

우르에 도착했을 때 그곳 발굴지의 안내를 맡은 사람이 바로 그이였어요. 우르 발굴 팀장이던 울리의 부인이 그이에게 부탁한 거였죠. 까다롭기로 소문난 울리 부인이 왜 그를 추천했는지, 모래바람이 날리는 발굴 현장을 함께 걸으면서 곧 알게 됐어요. 스물 대여섯밖에 안 된 이 젊은 고고학자는 나이에 비해 배려가 깊고 분위기가 있었어요. 치마에 구두 차림으로 모래 위를 걷는 내게 조용히 낮은 신발을 갖다 주기도 했고, 사막의 열기를 조금이라도 식혀 주려고 자신의 그림자로 그늘을 만들어 주기도 했어요. 울리 부인한테 나란 사람에 대해 이런 저런 애길 들었을 텐데도 사적인 질문으로 날 불편하게 하는 법도 없었어요.

자신의 일을 사랑하는 젊은이답게 그의 전공인 역사와 고고학을 얘기할 때 생기 넘치는 표정에도 호감이 갔죠. 그의 유물과 유적을 대하는 모습도 인상적이었어요. 집중력과 예리함은 마치 범인을 찾으려는 탐정의 날카로운 눈을 닮아 있었죠. 하지만 내 마음을 사로잡은 건 오래된 세월을 고요하게 들여다보던 그의 자세였어요. 어딘가 깊은 곳에 숨겨져 있을 인생의 지혜와 진리를 찾는 젊은 학자의 모습은 참 아름다웠죠. 그때 그는 무척 말수가 없는 편이었어요. 나중에 알고 보니 내가 이 낯선 여행지에서 더 많은 것을 보고 느끼라고 나름대로 생각한 배려였더군요. 그 덕분에 수천 년을 이어왔을 강물이 햇빛 아래 출렁대는 소리, 황금색으로 일렁이는 밀밭의 장관, 신전의 그림자를 밟으며 돌아가는 사람들의 소소한 풍경들을 상상할 수 있었어요.

그 아득함에 오감을 맡기고 있노라면, 어디선가 이런 소리가 들리는 것 같았어요. 모든 것은 지나간다……. 내가 알 수 없는 그 까마득한 시간들을 생각하고 있노라니, 그동안의 상처들이 바람에 날리는 먼지처럼 가볍게 느껴지면서 아무것도 아니라는 생각이 들었어요. 내 인생도, 지금 이 시간도 언젠가는 지나겠지, 그러니 우린 다시 순간을 살아야 한다. 그 치유의 시간에 그가 다정한 친구로 내 곁에 있었던 거예요.

뜨거운 발굴 현장에 해가 내리고, 별이 뜨고 달이 뜨는 고즈넉한 시간이면 그는 부드러운 목소리로 옛날 얘기를 해줬어요. 수천 년 전 사람들이 믿고 의지했을 달의 신 '난나'에 대해 얘기해주고, 문명의 뿌리를 만든 옛사람들의 소박하면서도 순수한 생활을 나지막한 목소리로 들려줬죠. 밤이 새는 줄 모르는 날도 있었어요. 그리고 어느새 나는 그에게 내 이야기들을 하고 있더군요. 사랑의 배신에 몸을 떨어야 했던 내 깊은 상처를 고백했던 거죠. 그리고 과거가 아닌 순간을 살기로 그에게 다짐했어요.

지금 생각해보면 그때 나는 이미 그에게 마음을 주었던 건지도 몰라요. 그 순간, 사랑을 잃고 꺼져 버렸던 내 영혼의 필라멘트가 다시 켜지는 기분이 들었어요. 나보다 열네 살이나 어린 고고학자가, 풋내기 청년이 내 인생의 불을 다시 밝혀준 거예요. 그와 얘기할 때면 난, 사람들의 따가운 눈총을 받는 이혼한 작가가 아니었어요. 호기심 많고 모험심 많은 소설 속 주인공이 바로 나였죠. 어느 순간, 나는 많이 웃고 있었어요. 내 자신이 그렇게 명랑한 사람인지 몰랐을 정도로. 그리고 무언가 해보고 싶어졌고, 다시 쓰고 싶어졌고, 다시 살고 싶어졌어요. 그래요, 그가 그렇게 내 상처를 보듬어주면서 내 속의 또 다른 나를 이끌어 내줬던 거예요.

여행이 끝날 무렵, 그에게 내색하지 않았지만 못내 섭섭하더군요. 언젠가 이 사람을 다시 만날 수 있을까, 아니, 발굴지를 찾아 평생을 여행해야 하는 사람인데 그럴 수 없겠지, 이 사람도 추억이 되겠구나, 괜히 서운하고 섭섭했어요. 우르를 떠나올 때 그가 작별 인사를 하면서 연락해도 되겠냐고 물었죠. 그땐 그냥 인사로 하는 얘기겠지, 싶었어요.

여행을 마치고 전 딸이 있는 영국 데번으로 돌아왔어요. 그런데 얼마 뒤 그가 연락도 없이 찾아왔죠. 놀라기도 했지만, 반가운 마음이 더 컸어요. 솔직히 그를 다시 볼 줄은 몰랐거든요. 하지만 그의 방문보다 나를 더 놀라게 하는 사건이 일어났어요. 바로 그의 청혼이었죠.

우르에서 함께한 시간 동안, 나는 확신했어요. 당신이야말로 내가 찾던 사람이라는 걸. 산다는 것에 대한 진정한 본질이 이런 순간순간에 있다는 것을 아는 사람, 삶의 진리를 찾기 위해 기꺼이 모험에 인생을 내맡길 수 있는 사람. 그런 아름다운 사람이 바로 당신이에요. 그런데 당신은 당신이 얼마나 훌륭하고 아름다운지를 모르고 있어요. 하지만 나는 그 누구보다 잘 알고 있죠. 많이 놀랐을 거라는 거 알아요. 하지만 이건 내 진심이에요. 당신과 내가 함께 한다면 우린 더 행복해질 거예요.

그의 청혼은 아름다웠고, 감동적이었어요. 하지만 난 그 자리에서 냉정하게 거절했죠. 마흔 살에 딸을 하나 둔 이혼녀와 스물여섯의 미래가 촉망되는 고고학자. 누가 봐도 어울리지 않는 조합이었죠. 나는 더 이상 사람들 입에 오르내리고 싶지 않았어요. 무모한 모험이라고 생각했죠. 그저 조용히 내 인생을 살고 싶었어요.

그날 우린 두 시간쯤 다퉜을 거예요. 그는 내게 말했어요. 세상에 위험하지 않은 시도가 어디에 있느냐고, 위험하다고 두렵다고 피하기만 한다면 인생에서 도대체 무엇을 얻을 수 있느냐고. 그리고 일깨워줬죠. 내가 그린 소설 속의 당찬 인물들이야말로 내 자신이라고.

그는 나를 설득하는 데 그치지 않고 내 사랑하는 딸과 여동생과 가족들까지 만나 그들의 마음을 얻고 도움까지 요청했죠. 결국 나는 그의 진심과 노력에 반해 결심했어요. 남은 생을 그와 함께 하기로.

우린 만난 지 6개월 만에 에딘버러의 한 성당에서 조용히 결혼식을 올렸어요. 우리의 모험도 그때부터 시작됐죠. 신혼 여행지인 이탈리아와 그리스, 유고슬라비아부터 이라크와 시리아, 님루드를 포함한 수많은 메소포타미아 유적지까지. 25년 동안 우린 수많은 곳을 여행하며 그는 고고학자로, 나는 추리소설 작가로 각자의 영역에서 서로를 격려하고 자극하면서 그렇게 살아 온 거예요.

사람들이 가끔 물었지요. 먼지 많고 거친 발굴 현장이 뭐가 그렇게 좋냐고, 또 현재가 아닌 과거에 미쳐 땅만 파며 사는 고고학자가 뭐가 좋다는 거냐고. 고단하고 거친 노동으로 힘겹게 세월의 흔적을 파헤치는 현장은 내 가슴을 늘 두근거리게 했어요. 그리고 고고학자는 과거를 사는 사람들이 아니에요. 과거와 우리의 현재를 이어주는 사람들이죠. 나는 그를 통해 삶이라는 것을 다시 생각하게 됐어요. 과거에 연연하는 대신 내 삶이 후대 사람에게 어떤 영향을 미칠 것인지를 새롭게 생각하게 됐죠. 산다는 것에 대해 무거운 책임감을 느끼게 된 것도 그를 통해서였어요. 그가 삶을 대하는 태도는 유적과 유물을 경건한 마음으로 바라보던 모습처럼 아름다웠고, 세월의 흔적을 찾기 위해 몰두하는 모습은 진지했고 열정적이었죠. 그의 곁에서 오랜 인고의 작업 끝에 유물을 발견할 때면 내가 인간이라는 것이 자랑스럽게 느껴졌답니다. 그들이 쓰던 악기며 부서진 칼이며 깨진 그릇들을 바라보다보면 몇천 년 전 사람들의 열정과 재능이 그대로 전해지는 것 같아 신기한 감동을 느끼기도 했어요.

그래요, 그이와 나는 빛바랜 옛 도시를 여행하면서 삶을 함께 고민하며 늙어온 거예요. 그리고 그 지난 세월이 내게 사랑이란 무엇인지를 가르쳐줬어요. 사랑이란 찰나의 감정이 만들어 낸 환상이 아니었어요. 시간에 빛바래고 깎이며 둥글어진 오묘한 감정. 뜨거운 햇빛 아래 아름답게 빛나던 그의 피부에 깊게 패인 주름을 가만히 보듬고 싶은 뭉근한 애정, 부쩍 느려진 상대의 걸음에 자신의 한쪽 팔을 빌려주는 속 깊은 배려, 웅크려 잠든 모습을 한없이 바라보는 애잔한 연민, 그 모든 게 사랑이었던 거예요. 그 설명할 수 없는 복잡한 감정은 서로가 서로를 오래 바라본 사람만이, 함께 기뻐하고 분노하고 슬퍼하고 울어본 사람들만이 가질 수 있는 특권이겠죠. 어떻게 보면 결혼이란 서로의 역사라고도 말할 수 있을 것 같아요. 아프고 기쁘고 힘들었던 내 시간들을 마음속에 오롯이 기억해주는 사람, 그것이 남편이고 아내니까 말입니다.

그처럼 훌륭한 고고학자가 내 남편이 아니었더라면 인생의 이런 멋진 진리를 발굴할 수 없었겠지요.

우리들의 은혼식에 와주셔서 감사합니다. 끝으로 그이에게 이 말을 전하면서 전 내려갈게요.

사랑해요. 여보.

그 여자
애거서 크리스티
Agatha Christie 1890~1976

추리소설 78편, 연애소설 6편, 단편소설 157편, 극본 19편, 시집 2권, 동화집 1권, 자서전 2권. 그녀가 평생 남긴 작품들이다. 이 대단한 숫자만큼이나 그녀는 생전은 물론 사후까지 명성을 날리고 있다.

유복한 가정에서 태어난 그녀는 유년시절 파리음악학교에 유학할 정도로 음악에 재능을 보였다. 그러나 후에 수줍음이 심한 내성적인 성격 때문에 글쓰기 쪽으로 방향을 돌렸다. 1914년 육군 대령과 결혼, 남편이 참전하러 떠난 동안 간호사로 근무하며 자연스럽게 약품과 독극물에 대한 지식을 얻었고, 이것은 그녀 소설의 자양분이 되었다.

첫 번째 결혼 생활은 실패로 돌아갔다. 그녀와 각별하던 어머니가 사망한 충격을 추스를 새도 없이, 그녀의 남편이 외도를 한 후 이혼을 요구한 것이다. 정신적인 충격을 못 이겼던 것일까? 1926년 그녀는 돌연 사라졌고, 당시 신문들은 11일째 실종된 신진 여류 작가의 사건을 대서특필했다. 이 사건은 그녀의 선배인 아서 코난 도일이 영매를 찾아가 그녀의 생사여부를 확인할 정도로 유명했다.

그녀는 해러게이트의 어느 호텔에서 발견됐다. 당시 그녀는 자신의 이름 대신 남편의 내연녀 성을 딴 '테레사 닐'이라는 이름으로 묵고 있었고, 현장에 찾아온 남편을 알아보지 못했다. 의료진들은 그녀를 신경쇠약과 충격으로 인한 단순 기억상실증으로 진단했지만, 그녀는 이후 침묵했고, 이 사건은 여전히 미스터리로 남아있다.

2년 후 그녀는 이혼하고 여행을 떠났다. 원래는 서인도 여행을 계획했지만 중동에서 돌아온 해군 부부를 만난 뒤 고대 유적지 우르로 향했다. 그곳에서 고고학자 맥스 맬로원을 만났고, 영국으로 돌아와 열네 살의 나이차를 극복하고 결혼했다.

그녀는 재혼 후에도 여전히 전 남편의 성인 크리스티를 쓰면서 작가로서 활동했고 남편과 함께 전 세계를 여행했다. 그때 얻은 고고학 지식은 그대로 그녀의 소설 속에 담겨졌다. 이렇게 시작된 탐사 여행은 1958년까지 계속 됐다.

그녀의 자서전 《와서 네가 어떻게 사는지 말해 봐》에서 그녀의 인생은 1965년을 끝으로 마무리 되었다. 하지만 그녀는 이후로 11년을 더 살았다.

그녀는 임종 당시 묘비에 두 번째 남편의 성을 따서 애거서 맬로원이라고 새기라고 유언했다.

그 남자
맥스 맬로원
Max Mallowan 1904~1976

영국의 고고학자. 옥스퍼드의 뉴컬리지에서 공부한 뒤, 남이라크에서 울리 L.Wooly를 도와, 구약 창세기에 의하면 아브라함의 고향이라는 우르를 발굴했다. 이곳에서 그들은 고수메르 시대로 연대를 매기는 왕릉을 발견했다. 지금은 대영박물관에 보관되어 있는 그 유물은 근대 동방 고고학이 만들어낸 가장 아름다운 유물로 평가받고 있다. 그는 이곳에서 애거서 크리스티를 만난 뒤 우르를 떠나 결혼했다. 후에 그는 그녀와 함께 니네베와 아파라치야, 샤가 바자르, 님루드, 텔브락 등등 수많은 메소포타미아 지역의 유적지를 발굴하며 고고학자로 명성을 떨쳤다.

그는 자신의 연구결과인 〈님루드와 그 유적〉을 아내에게 헌사했으며, 그녀가 떠나고 2년 뒤 사망했다.

그대의 사랑을 생각하며

칸딘스키 〈말 탄 연인〉 중에서

존 스튜어트 밀과 해리엇 테일러

그 여자 이야기

잠시 커피를 가지러 간 사이, 그가 잠들었다. 지난밤에도 우린 열띤 토론을 거쳐 그의 저술(그가 늘 우리의 합작품이라고 말하는)을 읽고 또 읽으며 고치느라 밤이 새는지도 몰랐다. 작은 숨소리를 내며 아이처럼 잠든 그의 뒷모습을 바라보고 있노라니 그가 더욱 애처롭고 애틋하게 느껴진다.

보잘것없는 나란 사람을 20년이나 기다리느라 자신의 청춘을 다 보낸 사람. 나만 보면 웃는 바보 같은 사람. 나보다 더 나를 사랑한 사람. 그래서 고맙고 그래서 더 미안한 사람.

스물일곱이 되던 해 그를 처음 봤다. 지적이기로 소문난 그에 대해서 남편을 통해 얘기를 들은 적이 많았다. 남편은 그의 탁월한 지성을 높이 샀고, 반듯하고 자신감 넘치는 태도 또한 좋아했다. 우연히 남편과의 식사 자리에 그가 합석하면서 그와 나도 인사를 나누게 됐다. 그의 첫인상은 마른 몸매와 날렵한 얼굴선 때문에 언뜻 날카롭게 보였다. 하지만 얄포름한 선한 눈매와 다정한 말투 때문에 이내 그가 부드럽고 따뜻한 사람이라는 걸 알 수 있었다.

처음 만난 사이였지만, 그날 우린 꽤 많은 이야기를 나눴다. 상대의 말에 끝까지 집중하는 그의 훌륭한 대화 매너 때문이었을까? 나는 평소 때보다 조금 수다스러웠던 것도 같다. 우린 자질구레한 일상은 물론이고 칼라일부터 벤담, 워즈워드, 셸리까지 다양한 인물에 대해서도 이야기를 나눴다. 나는 그의 해박한 지식에 놀랐고, 세상과 이념을 꿰뚫어 보는 날카로운 시선에 감탄했다. 그 중에 가장 감탄한 것은 그의 겸손함이었다. 남보다 많이 알면 그것을 내세우고 싶어지는 게 사람의 심리건만 그는 자신의 지식을 전혀 자랑하지 않았다. 그의 박식함을 칭찬하면 자신은 그저 수고와 시간을 아끼지 않고 가르쳐준 아버지를 둔 운이 좋은 사람일 뿐이라고 했다. 그런 상황에서 이만큼 알지 못하면 이것이야말로 더없이 창피한 일이 아니겠냐며.

그는 당시 스물셋이었지만 이미 세상의 많은 학문을 놀라운 실력으로 분석할 수 있는 능력을 가진 이로 유명했다. 소년시절에 이미 40대의 지성을 가졌다는 평가를 받았을 정도였다. 타고난 재능도 있었겠지만 그만한 지식을 쌓으려면 어린 시절, 고단하게 공부해야 했을 것이다. 실제로 그는 아름다운 것들을 보고 느끼며 자유로워야 할 시절에 책 속에 파묻히느라 정서적인 여유를 갖지 못했다고 했다. 그런 이유로 그는 자신을 이론적인 딱딱한 논의밖에 할 줄 모르는 사람이라고 낮추곤 했다. 나 또한 남들이 말한 것처럼 '공부 기계'로 불리던 그에게 감성이 부족할지도 모른다고 생각했다. 그러나 그를 차츰 알게 되면서 그것이 오해였음을 깨달았다.

그는 오히려 이성을 기초로 감정에 호소한 글이라면 그것이 시의 형식이든 혹은 웅변의 형식이든 간에 효과와 힘에 매우 민감하게 반응했다. 독서와 토론을 주로 하는 우리의 작은 모임에 그가 자연스럽게 합류하면서 그의 감성적인 면은 더 도드라졌다. 자연을 노래한 시들을 낮은 음성으로 낭송하던 그의 그윽한 눈빛을 보고 누가 가슴이 없다고 말할 수 있을 것인가. 계절이 바뀌는 바람의 결을 가장 먼저 느끼는 그에게 누가 감수성이 없다고 할 수 있을 것인가. 그는 감성을 타고 나지 못한 것이 아니었을 것이다. 지식과 학습에 짓눌려 한때 감성을 잃어버린 것뿐.

여러 친구들과 함께 하는 모임에서 그의 다른 장점들도 알게 됐다. 그는 부드럽고 현명한, 융통성 있는 사람이었다. 많은 사람들을 움직이는 데 여러 어려움이 있다는 걸 파악한 그는 타협의 필요성을 알고 있었다. 또한 중요한 것을 살리기 위해서 중요치 않은 것을 희생시킬 줄도 알았으며, 모든 것을 얻을 수 없을 때 어떻게 하면 최선의 것을 얻을 수 있는지를 고민했다.

그의 이런 지혜는 이른 나이에 동인도 회사에서 사회생활을 한 경험 때문인 것 같았다. 그 점은 사회 활동에 제약을 받는 여자인 나로서 부러운 일이었다. 나는 그가 훗날 훌륭한 정치인이 될지도 모른다고 생각했다. 일희일비 하지 않고 함께 생활하는 법을 알고 더 많은 이들의 행복을 사랑하는 그라면 훌륭한 정치인이 될 것 같았다.

무엇보다 나를 감동시킨 것은 그가 보여준 인류에 대한 애정이었다. 그는 자신만의 안위와 행복을 생각하는 사람이 아니었다. 인간이라면 누구나 조금 더 행복해지고 가치 있는 삶을 살 수 있기를 진심으로 바라는 사람이었다. 여성 문제 또한 그랬다. 그는 이 시대의 다른 남성과 달리 여성을 하나의 인격체로 보았고, 여성이 남성과 똑같이 누려야 할 권리에 대해서도 나와 오랜 시간 토론했다. 그는 여성인 나를 동등한 친구로 존중했으며, 여성이라는 이유로 내 재능을 세상에 내보일 기회가 없는 것을 한탄했다. 그는 알고 있었을까? 나를 인정해주는 이 다정한 친구 덕에 그즈음부터 내 인생에 윤기가 돌기 시작했다는 것을.

인간과 인생을 사랑하는 사람, 고민과 회의 속에서 방황하며 자신의 결점을 채우려 노력하는 사람, 시를 사랑하는 사람. 내가 이상적으로 생각한 인물이 있다면 바로 그였을 것이다. 나는 오래도록 이 친구를 잃고 싶지 않았다. 다행히도 남편 또한 그를 좋아했고, 그와 나의 정신적인 교류를 인정하고 지지해줬다. 우리가 자유롭게 대화를 나누거나 토론할 수 있도록 자리를 마련해줄 때도 있었다.

남편은 나와 달리 문학과 예술에 취미가 없어서 함께 대화를 나눌 소재가 많지 않았지만 자신의 일에 있어서 진취적이고 용감한 멋있는 남자였다. 그런 남편을 나는 많이 사랑했다. 대범한 남편이 그와 나의 우정을 이해해 준 덕에 내 청춘은 무척이나 풍요로웠다. 남편은 일 때문에 런던에 가 있는 날이 많았고, 그런 때면 딸아이와 홀로 지내는 내게 그가 찾아와주었다. 우리는 함께 읽은 책을 이야기하고, 토론하고, 산책했다. 아플 때는 가까운 벗으로서 그에게 달려갔다. 그도 마찬가지였다. 그렇게 20년이란 긴 시간 동안 우리는 우정을 나눴다.

하지만 세간의 시선은 달랐다. 그들은 우리의 우정을 곱게 바라보지 않았고, 그 이상의 관계일 것이라 추측했다. 그러나 우리는 남편의 체면에 손상이 갈 만한 일을, 또 남편의 지위와 인품에 상처 주는 일을 결코 하지 않았다. 정서적으로 서로 공감하다 순수한 애정이 싹트기도 했지만, 우리 두 사람 모두 그런 것을 몹시 경계했다. 그것은 우리의 우정이자 사랑의 방식이었다. 그렇기 때문에 나는 개의치 않고 그를 만났다. 만약 남편의 배려가 없었다면, 나는 최고의 벗을 잃어 상심했을 것이다.

우리가 만난 지 20년쯤 되던 해, 나는 내 인생에서 가장 불행한 사건과 마주해야 했다. 훌륭한 가장이며 성실하고 용감한 사회인이자 누구보다 나를 사랑했던, 내가 존경해 마지않던 남편이 갑작스럽게 세상을 떠난 것이다. 나는 절망했다. 평생의 지지자이던 그를 잃은 상실감에서 한동안 헤어 나올 수 없었다.

그 시간, 내 곁에 가장 가까이 있던 사람은 역시 그였다. 그는 언젠가 내게 말했다. 방황하던 스무 살의 그를 내가 따뜻한 사랑과 우정으로 치유해 줬다고. 그건 나도 마찬가지였다. 삶의 황망함에 당황해 주저앉으려는 나를 그가 다독여 일으켰다. 떠난 사람에게 미처 해 주지 못한 일들이 떠올라 죄책감에 시달리며 괴로워할 때 그는 고개를 끄덕이며 내 처참한 심정에 동감해 주었다. 남편의 빈자리에 서늘한 외로움을 느낄 때면 자신의 소중한 가족을 떠나보내야 했던 순간을 고백하며 자신의 상처로 내 상처를 보듬어주었다. 무엇보다 그는 진심으로 남편이 떠난 것을 함께 애도했다. 가장 고마운 일이었다.

남편을 떠나보낸 지 2년이 되던 어느 날 그가 청혼했다. 지난 20년 동안 그와 친구로 지내면서 단 한번도 상상하지 않은 일이었다. 그러나 나는 마치 예정된 일인 것처럼 그의 청혼을 받아들였다. 그라면 남편도 허락할 것이라고 생각했다. 남은 생을 그와 함께 보낼 수 있다면 그것 자체로 내 생이 의미 있는 삶이 될 거라고 믿었다. 게다가 결혼에 관한 그의 확고한 가치와 의식은 나를 감동시키기에 충분했다. 그 모든 내용이 담긴 결혼서약서를 그는 내게 선물했다.

> 테일러 부인과 나 사이에 성립하는 결혼의 체제에, 나는 다음의 선언이 나의 의지와 의도에 적합하며 우리 둘 사이의 계약의 조건에 합당하다고 생각한다. 그녀는 그녀 자신과 그녀에게 속하고, 앞으로 속할지도 모르는 모든 것의 처분의 자유와 완전한 행동의 자유를 나와 동등하게 지니며, 결혼이라는 사태가 일어나지 않은 것과도 같은, 개체로서의 모든 권리를 지닌다. 그리고 나는 그러한 결혼이라는 사건의 덕택으로 얻어진다고 생각되는 모든 권리의 허울을 완전히 부정하고 포기한다.*

이 글 어디에 낭만이 있느냐고, 도대체 어느 문장에서 감동을 받았느냐고 누군가 물을지도 모르겠다. 그러나 상대의 자유와 평등을 인정해주는 사랑보다 더 값진 사랑이 어디에 있단 말인가. 내게 있어서 그것은 최고의 사랑이었다. 하지만 이 서약서는 여성이 남

---

* 존 스튜어트 밀의 〈결혼 서약서〉 중 일부

성에게 예속된다고 생각하는 사람들에게 비난받기도 했다. 그러기에 나는 더욱 그에게 감동했다. 사회 전체의 비난과 편견 앞에서 자신의 신념과 사랑을 지키고 상대방을 보호할 수 있는 사람, 그가 바로 나의 반려자인 것이다.

결혼서약서에서 다짐한 것처럼 우리는 결혼으로 인해 서로가 퇴보하지 않고 자신의 능력과 재능에 더욱 정진할 수 있도록 지원했다. 그 결과물이 《자유론》(1859년)이 될 것이다. 진정한 평등과 조화의 실질적인 관계인 우리의 합작품이 세상에 선보일 날을 생각하면 가슴이 두근거린다. 일상이 아닌 일까지 함께 나눌 수 있는 우리는 얼마나 행복한 부부인가, 참으로 신께 감사드린다.

우리는 지난 2년간 치열한 토론을 거쳐 초안을 작성했다. 최근엔 문장 하나하나를 다시 읽고 생각하고 비판하면서 새로 전부 고쳐 쓰느라 밤을 새우는 날이 많았다. 고되지만 참으로 행복한 작업이었다. 그와 자유를 평등을 진정한 삶을 놓고 열띠게 토론할 때면 심장이 뜨거워졌다. 개인의 삶은 물론 더 많은 이들의 진정한 삶을 위해 치열하게 고민하고 번뇌하던 날들은 내게 생의 가치와 보람을 느끼게 해줬다.

생각해 보면 우린 함께 하지 않은 것이 하나도 없다. 함께 책을 읽고, 함께 커피를 마시고, 함께 글을 쓰고, 함께 잠들었다. 우리는 생활은 물론 사상까지도 함께 나눴다. 그의 뛰어난 문장을 보고 내가 몇 마디를 거들면, 그는 늘 놀라운 찬사를 보냈다. 그의 글에 스스로 마지막 확신을 얻기까지 나는 그에게 여러 번 질문을 던졌다. 그때마다 그는 현명한 회의의 태도라며 내 의견을 열린 마음으로 받아주었다. 그가 겸손한 사람이란 걸 누구보다 잘 알았기에 훌륭한 의견을 두고도 고민할 때는 확신에 찬 격려를 불어 넣어주려고 애썼다. 그는 그 이상의 가치를 갖고 있는 사람이기에 내 응원과 확신이 그것을 실현시켜 줄 수 있길 바랐다. 그것이 사랑하는 사람에 대한 의무라고 여겼다.

우리의 결혼 생활 7년을 포함해서, 27년이란 시간을 그와 나는 함께 했다. 그동안 우린 많은 이야기를 나눴고, 그 시간들을 통해 인생과 사랑을 배울 수 있었다. 그 시간, 그가 내게 해준 아름다운 말들은 셀 수 없지만 그 중에 가장 감동받은 말은 이것이었다.

내 생각과 당신의 생각을 구분하는 것은 의미 없는 일이오.

그는 나를 자기 자신으로 받아들였다. 아니 자신보다 더 나를 아끼고 사랑했다. 그런 이유로 그가 내게 가장 많이 한 말도, 또 가장 안타까워한 것도 내가 여인이기 때문에 누릴 수 있는 권리를 갖지 못하고, 세상에 이름을 드높이지 못한다는 점이었다.

  나는 지금까지 그의 많은 의견에 동의해왔다. 그의 말처럼 그의 생각이 내 생각이었다. 그러나 이것만은 동의하기 어렵다. 그는 내가 세상의 인정을 받지 못한다고 했지만 아니다. 그는 내게 하나의 세상이다. 그런 그가 나를 인정했다. 그러므로 나는 세상의 인정을 받은 것과 같다.

  나의 세상이 곤하게 잠들어 있다. 그는 지금 어떤 꿈을 꾸고 있을까? 어느새 하얗게 세어버린 그의 귀밑머리를 가만히 쓰다듬어본다. 그가 잠결에 엷은 미소를 짓는다.

  참 고마운 사람, 참 좋은 사람.

그 남자 이야기

　사랑에 대한 글을 써 달라는 제안을 받고 오랫동안 망설였다. 학문적인 글쓰기 외에 좀처럼 다른 글을 써 본 적이 없어 낭만적인 러브 스토리를 기대하는 사람들에게는 재미없는 얘기가 될까 하는 우려였다. 게다가 그녀에 대해 글을 쓰기 시작한다면, 그것은 한 여인에 대한 찬사로 가득한 개인적인 헌사문이 될 거라는 걸 잘 알기에 더욱 펜을 들기가 어려웠다.

　그런데도 이 글을 쓰는 것은 그녀와 우리의 사랑을 오래도록 기억하고 싶은 마음 때문이다. 무엇보다 너무나 고귀하고 훌륭한 한 여인을 많은 이들이 기억해줬으면 하는 마음도 있다. 어쩌면 이 글을 읽는 어떤 이는 세상에 그런 여인이 존재할 수 있느냐고 물을지도 모른다. 과장된 감정이 아니냐고 의문을 가질 수도 있다. 그러나 나 또한 그녀를 만나기 전까지는 세상에 그런 존재가 있을 거라고는 상상하지 못했다. 더구나 그녀가 내 여인이 되는 최고의 행운을 내가 가지게 되리라는 것도.

　그녀는 내가 존경하고 친애하는 벗의 아내였다. 그녀 남편의 가족은 예전부터 내가 잘 알고 지내던 집안이었다. 자연스럽게 그의 집을 방문하면서 그녀와도 인사를 나누게 됐고, 대화를 나누는 사이가 됐다. 여러 해가 지난 뒤에야 그녀와 친밀한 사이가 됐지만, 소개를 받은 지 얼마 되지 않아 나는 내가 스물다섯 해를 살면서 알게 된 사람 중에 가장 존경할 만한 이를 만났음을 깨달았다.

온화하고 다감한 목소리에서 느껴지는 그녀만의 자연스러운 기품은 아름다웠다. 그녀가 갖고 있는 정치·경제·사회·문학 등 다양한 분야에서의 폭넓은 지식은 감탄할 정도였다. 걷기 이전부터 책과 함께 살아온 내가 보기에도 놀라울 정도로 독서량 또한 방대했다. 중요한 것은 그녀가 작가와 작품을 바라보는 자세였다. 그녀는 자신이 습득한 지식을 머리뿐만 아니라 가슴에 품고 자신만의 시선으로 세상을 바라봤다. 어떤 인상이나 경험을 얻으면 그것을 그냥 내버려두지 않고 그 안에서 지혜와 진리를 찾으려는 그녀의 탐구 자세 또한 놀라웠다. 인생의 경험도, 지식도 그녀의 가슴에 들어가면 꽃을 피우는 것처럼 느껴졌다.

그녀의 남편은 훌륭한 교육을 받았고 자유주의적 사상을 가진 고결한 사람이었다. 또한 그는 남자인 내가 보기에도 성실하고 용감했다. 하지만 그녀와 정서적으로 충분한 교감을 나누거나 영향을 줄 만한 지적 취미나 예술적 취향이 부족한 것이 아쉬웠다. 그렇더라도 그는 다정하고 좋은 남편임에 틀림없었다. 그런 그를 그녀는 진심으로 존경했고 깊은 애정으로 대했다. 나 또한 그런 두 사람을 흐뭇하고 뿌듯한 벗으로 사랑했다.

앞서 말했듯, 그녀는 뛰어난 지성과 재능을 가졌지만 그것을 발휘할 기회가 마땅치 않았다. 여성의 활동을 여러 면에서 제한하는 사회 분위기 때문이었다. 따라서 그녀의 생활은 홀로 고요히 내면을 향상시키는 명상이 주를 이룰 수밖에 없었다. 그런 그녀의 인생에 생기를 준 것이 있다면 그건 몇몇 친구들과 함께 만든 모임이었다. 나는 운 좋게도 이 모임에 참여할 수 있었다.

젊은이들의 모임이었기에 사회에 대한 뜨거운 토론은 당연한 것이었는데, 그때 나는 그녀의 또 다른 좋은 점을 발견했다. 그것은 기성 사회 제도의 일부인 많은 것들에 대한 진지한 반항이었다. 그녀는 진정한 인간의 행복과 인류 발전을 방해하는 것이 무엇인지에 대해 늘 의심을 품었고, 내게 당시 사회 현실이던 남성과 여성의 불합리한 관계를 지적했다. 여성의 위치가 갖는 중요성을 과소평가하는 이 시대와 사회에 대한 깊은 깨달음과 개혁의지는 내게 강한 영향을 끼쳤다.

인간성에 대한 관심은 물론 사회적·도덕적 영향력에 깊은 이해를 갖고 있던 그녀는 경건한 성품과 고상한 감수성까지 가지고 있었다. 그런 그녀를 보면 인습타파적인 정신과 이상주의적 사랑과 자유를 동경하던 시인 셸리가 떠오르곤 했다. 인간이 완전해질 수 있다는 믿음을 갖고 자신을 부단히 발전시키는 모습 또한 그랬다. 그러나 지금 생각하면 아니다. 오히려 셸리는 그 능력이 짧은 일생 동안만 발휘되어, 그녀가 지적인 면과 감성적인 면 모두 종국에 다다른 경지에 비하면 오히려 어린아이에 불과하다고 할 수 있을 것이다.

만일 감성이 놀랍게 뛰어난 그녀가 예술가가 되었더라면 다시없이 훌륭한 예술가가 되었을 것이다. 아름답고 확신에 찬 내면을 가진 사람들이 그렇듯, 뜨거우면서 부드럽게 사람들의 마음을 흔드는 매력적인 목소리를 생각하면 그녀는 위대한 웅변가가 됐더라도 좋았을 것 같다. 인간을 사랑하는 깊은 심성과 실생활에서 보여준 지혜와 미래를 내다보는 능력도 있었다. 여성이 정계에서 활약할 수 있는 시대라면 그녀는 뛰어난 통치자가 되었을 것이라고 확신한다.

그 중에 나를 가장 감동시킨 것은 그녀의 따뜻한 가슴이었다. 어느 장소, 어떤 자리에서도 한번도 자기의 이익을 내세우는 그녀를 보지 못했다. 그녀는 놀랍도록 다른 사람들의 감정을 완전히 자신의 것처럼 이해했다. 오랫동안 감성보다 이성과 지성에 집중한 교육을 받고 분석하는 사고만 해왔던 내게 그것은 가끔 지나쳐 보이기까지 했다. 그녀의 아름다운 상상력은 자신의 감정이 강렬한 만큼 남들의 감정도 강렬할 거라고 생각해, 타인의 감정과 상황을 소중하게 여기고 진심으로 자신의 일처럼 염려했다.

내게도 그랬다. 함부로 말하기 좋아하던 친구들이 내게 '인간 제조기', '공부 기계'라고 말할 정도로 이성에만 충실했지 감성을 발달시키지 못한 나는 감성적인 면에 약점을 가지고 있었다. 내면의 목소리를 어떻게 다뤄야 할지 몰랐던 나는 한때 신경쇠약으로 우울증을 겪기도 했다. 다행히 워즈워드를 비롯한 시인들의 아름다운 세계를 접하면서 생활의 감수성을 찾고 마음을 다잡을 수 있었지만, 완벽하지는 못했다. 그러나 그녀와 교제하면서 나는 그런 약점과 상처들이 치유되는 것을 느꼈다.

그건 그녀를 가득 채웠던 감정, 더할 수 없는 너그러움과 조금이라도 고맙게 여기는 사람에게는 누구에게나 쏟을 준비가 된 사랑의 심정 때문이었다. 그 지극한 마음 때문에 나는 가슴을 열어 보이며 내 안에 있던 감성을 이끌어 낼 수 있었다. 그것은 처음으로 그녀와 나의 다른 점이기도 했지만, 우리를 더 가깝게 만든 계기기도 했다. 혹여 누군가 나를 가슴을 가진 지성인이라고 여겨준다면 그건 온전히 그녀의 덕분일 것이다.

그녀를 통해 정서적으로 많은 것을 얻고 배운 만큼 학문적으로도 많은 도움을 받았다. 나는 그녀로부터 현명한 회의적 태도를 배웠다. 어떤 학문에서나 여러 결론을 내릴 때 확신이 완벽하게 들기까지 끊임없이 묻고 확인하고 찾아보는 바람직한 자세를, 그녀는 내게 일깨워주었다. 내가 가장 깊이 생각한 문제라 하더라도 마지막까지 다양한 견해에 마음을 열 수 있도록 도와주었다. 혹여 확신을 가졌는데도 망설일 때엔 신뢰와 격려로 나를 응원했다.

20대 중반에 만난 우리는 몇 해 지나지 않아 진실로 서로를 믿고 의지하는 벗이 되었다. 하지만 이런 교류는 사람들의 비난을 받기도 했다. 당시 그녀는 어린 딸과 함께 조용한 시골에 살고 있었다. 가끔 런던에 나와서 그녀의 남편과 함께 지낼 때도 있었는데 나는 이 두 곳을 비교적 자유롭게 방문했다. 우리의 지적인 교감을 인정하던 남편의 동의를 얻어 함께 여행을 떠난 적도 있었다.

그러나 사람들은 내가 그녀와 함께 하는 행동을 그릇되었다고 손가락질했다. 그들이 생각하고 오해할 만한 일은 물론 일어나지도 않았고, 그녀와 나는 그럴 마음도 없었다. 세상의 시선에 구속되지는 않았지만, 우리로 인해 그녀 남편의 지위와 체면에 손상이 가는 것을 결코 원하지 않았기 때문이다. 나 자신에겐 떳떳했지만 마음이 불편했고, 두 사람 모두에게 미안한 마음이었다. 하지만 그녀는 사람들의 입방아를 전혀 문제 삼지 않았다. 그녀에게는 그런 강단이 있었다.

그런데 우리가 만난 지 스무 해가 되던 해, 불행한 일이 일어났다. 그녀의 남편이 갑작스럽게 세상을 떠난 것이다. 형언할 수 없는 슬픔에 고통스러워하는 그녀를 보는 일이 무척이나 힘들었다. 감히 말할 순 없겠지만, 그녀의 고통이 내 고통처럼 여겨졌다. 그리고 나는 그때 그녀를 진실로 사랑하고 있다는 것을 절감했다. 그 후 2년 동안 우리는 그를 진심으로 애도했다.

나는 마침내 그녀에게 청혼했다. 우리는 지적으로도 정서적으로 많은 부분 공감했고, 삶의 의지와 목표 또한 같았다. 나는 우리가 그토록 많은 이야기를 해왔던 이상적인 결혼 생활을 할 자신이 있었다. 감히 꿈조차 꿔보지 못한 일이었지만, 용기를 내야 한다고 생각했다.

다행히도 그녀는 내 청혼을 받아주었다. 서로의 성장과 발전을 격려하는 관계, 모든 지식과 모든 감성을 나누되 서로를 소유하려고도 구속하지도 않는 관계. 우리는 그런 결혼을 원했고 나는 결혼 서약서를 새로 작성했다. 그녀는 몹시 감동하는 눈치였다. 딱딱한 문체의 보고서 같은 그 한 장의 종이를 소중하게 생각하는 그녀에게 나는 참으로 감사했다. 실은 남녀 간의 이런 이상적인 관계에 대한 사고 또한 그녀를 통해 얻은 것이었다. 이렇듯 훌륭한 지성과 고매한 인품을 가진 그녀였지만 그보다 못한 남성들보다 이름을 떨칠 기회가 없다는 것이 나는 늘 안타까웠다.

결혼 후에도 우린 변함없이 많은 작업을 함께 했다. 내가 쓴 글은 언제나 그녀의 손을 거쳤다. 아니 같은 사상을 갖고 같이 사색하던 우리는 각자가 쓴 부분을 도저히 가려낼 수 없었다. 내 일과, 내 생활과, 내 꿈을 함께 나눌 수 있는 벗이 내 아내라는 것이 너무나 행복했다. 그녀는 누구보다 나를 잘 아는 사람이었고, 누구보다 나를 인정하고 아끼는 사람이었다. 그런 그녀와 같이 눈을 뜨고, 같은 책을 읽고, 같이 글을 쓰고, 오래도록 이야기를 나누다 잠이 들었다. 꿈만 같은 시간이었다.

그러나 그 시간은 그리 오래가지 못했다. 우리의 결혼 생활이 7년 반쯤 지나던 어느 날, 내 생애의 명예이자 최대의 축복이던 그녀가 갑작스레 떠나버렸다. 나는 공직을 그만두기 직전 2년 동안 아내와 《자유론》을 함께 저술했다. 마지막 수정은 공직을 마치고 그녀와 함께 남유럽 여행을 떠나 할 생각이었다. 그러나 기쁨과 설렘을 안고 떠난 여행 도중 그녀는 갑자기 쓰러졌다. 폐출혈이었다. 그리고 다시 일어나지 못했다.

그녀와의 결혼을 한번도 상상하지 못했듯, 그녀의 죽음 또한 한

번도 예상하지 못했다. 신은 내게 그녀를 선물해 생의 환희를 느끼게 해주었다. 그리고 그녀를 데려가 꼭 그만큼의, 아니 그 이상의 쓰라린 비통함을 안겨주었다. 나는 아무것도 하고 싶지가 않았다. 인류의 발전을 위해 지금까지 해왔고 해보려고 한 많은 일들도 더는 할 수 없을 것만 같았다. 그 모든 것의 근원인 그녀를 잃었기 때문이다. 내 모든 희망은 좌절되었다.

그녀를 보낼 수 없었던 나는 최대한 그녀가 내 곁에 있다고 느낄 수 있도록 환경을 바꾸는 데 노력했다. 그녀의 묘지에서 가장 가까운 곳에 조그마한 오막살이집을 하나 샀고, 그녀가 마지막으로 숨을 거둔 호텔 방의 가구를 그대로 그곳에 옮겨놓았다.

돌이킬 수 없는 상처와 상실감에 허덕였지만 그래도 단 한 가지 일에는 애정을 쏟았다. 그것은 우리의 합작품이자 그녀의 업적인 《자유론》을 출판해 그녀의 영혼에 바치는 것이었다. 나는 이것을 조금도 고치지도 더하지도 않았다. 그러고 싶지가 않았다. 최후의 수정은 언제나 그녀의 몫이었으니까. 그렇더라도 후회하지 않았다. 또한 그것이 최선이라고 확신했다. 왜냐하면 어느 한 문장도 그녀와 함께 여러 번의 회의와 퇴고를 거치지 않은 것이 없었으므로.

그녀는 늘 나를 새로운 진리 앞에 데려다 주었다. 여러 과오에 빠지지 않도록 함께 고민해주었다. 주변의 견해에 흔들리지 않도록 지지해주며 나 자신을 믿게 한 것도 그녀였다.

방황하던 스무 살 무렵, 나는 내가 행복해지기 위해서는 어떤 목적을 가지고 살아야 한다는 걸 알았다. 궁극적인 목적을 향해 달려갈 때 행복은 따라오는 것이라고 여겼다. 그런 내 인생의 목적은 모두 그녀와 함께 한 것이었다. 그녀는 내게 하나의 종교요, 절대적인 가치요, 내 인생의 이정표였다. 그런 그녀가 떠난 비통함을 어떤 글로 표현할 수 있을까.

나는 이제 이 글의 마지막을 《자유론》의 서문에 쓴 그녀에 대한 헌사로 마치려 한다. 나의 소중한 그녀가 고요한 세계에서 영원한 행복을 누리고 있기를 간절히 바라며.

> 진리와 정의에 대한 높은 식견과 고귀한 감정으로 나를 한없이 감화시켰던 사람. 칭찬 한 마디로 나를 무척이나 기쁘게 해주었던 사람. 내가 쓴 글 중에서 가장 뛰어나다고 할 수 있는 모든 것은 모두 그녀의 영감에서 나온 것이기에 그런 글을 나와 쓴 것이나 마찬가지인 사람. 함께 했던 사랑스럽고 아름다운 추억 그리고 비통했던 순간을 그리며 나의 친구이자 아내였던 바로 그 사람에게 이 책을 바친다.

그 남자
존 스튜어트 밀
John Stuart Mill 1806~1873

영국의 경제학자이자 철학자. 부친의 밑에서 세 살 때 그리스어를, 여덟 살 때 라틴어를, 열세 살 때 경제학을 배웠다. 열여섯 살엔 이미 역사, 철학, 문학, 수학, 자연과학, 경제학, 논리학을 두루 섭렵했다. 그는 인류역사상 최고의 천재로 불린다. 하지만 '공부 기계'로 성장하며 충분한 감성교육을 받지 못한 탓에 스무 살을 넘기면서 신경쇠약과 우울증을 앓기도 했다. 이 경험은 그에게 이성 못지않게 감성도 중요하다는 것을 일깨워주었다.

《여성의 예속》, 《경제학 원리》, 《자유론》을 포함, 모든 사회과학 분야를 총망라하는 그의 수많은 저작들은 그가 교수실에 앉아 이루어낸 것이 아니라 35년 동안 동인도 회사를 다니면서 집필한 것이다. 인도와의 통신을 주관하는 일을 맡았던 직장을 그는 아주 만족해하며 "독립해서 살아갈 형편은 못 되고, 하루 24시간 중의 얼마를 자기의 지적추구에 쓰고 싶어 하는 사람이 생계를 얻을 수 있는 직업으로서는 이보다 더 적합한 것이 나는 없다고 생각한다."고 말했다.

말년에 그는 여성의 참정권을 지지한다는 공약을 제시해 높은 지지를 얻으며 하원의원에 당선, 정치생활을 하기도 했다.

1837년, 부인 해리엇 곁으로 떠나기 전 그는 이런 말을 남겼다.

"나는 내 일을 다 끝마쳤다."

그 여자
해리엇 테일러
Harriet Taylor 1808~1859

그녀는 독학으로 지식을 쌓았다. 열한 살에 철학서를 읽었고, 열네 살에 논리학을 공부하며 시집과 에세이집을 내놓을 정도로 재능도 뛰어났다. 존 스튜어트 밀이 자신의 자서전에서 밝힌 것처럼 《여성의 예속》, 《자유론》을 포함한 밀의 저술은 모두 그녀의 큰 영향과 공헌으로 이루어졌다.

그녀가 죽고 난 뒤 그녀를 꼭 닮은 딸, 헬렌 테일러가 곁에서 그를 돌보며 저술을 도왔다. 어머니의 지혜와 고상한 성품을 물려받은 그녀에 대해 밀은 자서전에서 "인생의 제비뽑기에서 또 한번 행운에 당첨된 사람은 확실히 나밖에 없을 것이다"라고 말하며 고마움과 무한한 애정을 전했다.

문득 그대를 생각하면, 나는
첫 새벽 적막한 대지로부터 날아올라
천국의 문전에서 노래하는 종달새.
그대의 사랑을 생각하면 곧 부귀에 넘쳐
내 운명, 제왕과도 바꾸지 아니하노라

– 셰익스피어의 시 〈소네트 29〉 중에서

그남자 이야기

 사랑할 수 없는 비극, 그것이 내 운명이라고 생각했습니다. 내 길은 그저 4000년간 드리워진 중국의 낡은 관습과 장막을 걷어내는 데 있다고, 그렇기 때문에 내 인생을 희생하는 것은 당연하다고 여겼습니다. 결혼은 더욱이 내게 일종의 통과의례 정도의 의미밖에는 없었습니다.

 일본 유학 시절, 어머니가 아프다는 거짓 전보를 받고 귀국해 보

우리 이렇게
함께 서서

세잔 〈위대한 소나무〉 중에서

니 본가에서 일방적으로 모든 것을 결정한 뒤 얼굴도 모르는 여인과의 결혼을 진행하고 있었지요. 아버지가 일찍 세상을 떠난 뒤 많은 고초를 겪으신 어머니에 대한 연민과 순종으로 나는 그 혼사에 순응했습니다. 그러나 사랑의 감정까지 순종하며 내줄 수는 없었습니다. 구시대의 악습 타파를 외치고 새로운 세상을 꿈꾸면서도 수천 년간 내려오는 예교의 허식을 나 역시 어쩌지 못했다는 무력감은 그 뒤로도 줄곧 나를 괴롭혔습니다.

어쩌다 사랑이란 말을 떠올리면 항상 부끄러웠습니다. 당연히 누군가를 사랑할 수 있을 거란 생각은 해 본 적도 없었지요. 그렇

루쉰과 쉬광핑

게 청춘이 저물고 중년의 나이가 됐을 때 나는 인생에, 내 자신에 그리고 세상에 지쳐가고 있었습니다. 부패한 정치와 타락한 사회를 보면서도 예전처럼 피가 끓기보다 한숨이 나왔고, 염세주의에 빠져 희망이 아닌 절망의 시선으로 세상을 바라보고 있었지요. 처세에 밝지도 못한 성격이기에 뜻을 이루기 위해 사람들의 힘을 모으는 것도 쉽지가 않았습니다. 그렇게 책상에 앉아 번뇌하며 스스로 침잠해 가던 시절, 나의 적막을 깨며 그녀가 내 안으로 들어왔습니다.

당시 나는 베이징여자사범대학(이후 '여사대')에서 강의하고 있었습니다. 그즈음 여사대의 분위기는 좋지 않았지요. 새로 부임한 교장은 구시대적인 사고방식으로 애국과 개혁에 대한 의지를 보이는 학생들을 강제로 짓밟고 있었고, 교수진마저 억압하고 있었습니다. 그해 봄, 이런 상황을 견디지 못한 한 청춘이 분노와 열정과 희망이 뒤섞인 편지를 내게 보내왔습니다.

선생님, 정신을 몽롱하게 만드는 담배 연기로 자욱한 이 중국의 현실이 가엽지도 않으신가요? 마치 전갈이 우글거리는 항아리 속에 빠진 것처럼 갈팡질팡하는 이 나라가 도대체 어떤 길로 나가야 옳은지 가르쳐줄 생각은 없으신가요? 혼미해지는 청년의 심장에 감로수를 흘러 넣어 다시 심장을 뛰게 만들어 더욱 강한 사람으로 태어나게 만드실 의향은 없으신가요? 선생님, 제 자신이 강한 사람이라고 믿어왔습니다. 하지만 저보다 더욱 강직한 사람이 있다면 그것은 바로 선생님이라는 것을 확신합니다.

편지를 읽는 동안 교육 현장과 중국의 현실에 대한 울분을 어쩌지 못해 절망과 희망의 계단을 오르내리는 그녀의 모습을 눈앞에서 보는 것만 같았고, 오랜만에 심장이 뜨거워지는 느낌을 받았습니다.

실은 그녀를 기억하고 있었습니다. 그녀는 내 소설사략小說史略 수업을 듣던 제자였습니다. 언제나 강의 때면 맨 앞자리에 앉아 사회와 사상에 대한 질문을 거침없이 던지곤 했지요. 재기발랄하고 호탕하며 진취적인 그녀는 어떤 제자보다 눈에 띄었고 저항 정신이 강해 보였습니다. 그렇기 때문에 그녀의 편지 속 이 구절은 더욱 그녀를 염려하게 만들었습니다.

타락하고 고통받는 것이 피할 수 없는 현실이 되어 버렸습니다. 그렇다면 할 수 있는 일은 두 가지뿐 아닌가요? 타락의 나락으로 서둘러 뛰어들든지 아니면 하루라도 빨리 고통스런 현실에

《루쉰의 편지》중에서

당당히 맞서 싸우든지. 저는 후자를 택하겠습니다.

눈앞의 투쟁에 자신을 온통 내던지려는 그녀의 열혈아 같은 기질에 가슴이 끓어올랐지만 한편으로 무척 걱정스러웠습니다. 열정과 희망을 품은 사람은 그렇지 않은 이들보다 상처와 절망을 더 많이 겪는 법. 그걸 이미 숱한 민족 운동을 통해 겪었던지라 더욱 안타까웠습니다. 항전을 계속해나가려면 스스로를 보호할 줄도 알아야 하는데 그녀의 열정은 스스로를 태울 듯 너무나 뜨겁기만 했습니다.

부러질지언정 구부러지지 않겠다는 성정은 스스로를 고통 속으로 몰아넣을 것이 뻔하기에 나는 그녀에게 펜을 들지 않을 수 없었습니다. 솔직히 말하면 그때 뜨거운 피를 내게 수혈하기 시작한 그녀를 곁에 가까이 두고 싶은 열망을 품었던 것도 같습니다. 세상에 염증을 내고 세속을 증오하면서 중국의 미래에 회의를 품을 무렵, 그녀는 그렇게 희망과 열정의 모습으로 내게 다가오고 있었습니다.

처음엔 절망과 위기에 빠진 그녀를 구하는 마음으로 답장을 썼지만, 그녀와 편지를 주고받으면서 정작 위로를 받고 희망을 얻은 것은 나였습니다. 그녀 같은 청춘이 아직 중국에 존재한다는 사실에 감사했고 용기를 얻었지요.

몇 번의 편지가 오간 후, 그녀는 저돌적으로 내게 전진해왔습니다. 느닷없이 내 집을 방문해 놀라게 하는가 하면, 수업시간엔 반강제로 나를 이끌고 무작정 박물관을 가기도 했었지요. 이 당돌한 숙녀는 도대체 어디서 왔단 말인가, 당황스러워하면서도 내 안으로 들어온 그녀를 밀어내기란 어려웠습니다. 그러나 우리는 사제관계였고, 내 결혼을 낡은 인습에 희생한 결과로 치부하더라도 나는 이미 결혼한 남자였습니다. 그러기에 그녀와 마음의 거리를 두려 무던히도 애썼습니다. 하지만 누군가를 품은 마음을 숨기는 것이란 애초에 불가능한 일이었는지 모릅니다.

학교의 비리와 부당한 처사에 반발하며 교장 배척 운동을 하던 그녀가 교장 세력에 의해 제적당하는 순간, 나는 더는 어둠 속에 숨어있을 수가 없었습니다. 공개적으로 학생들을 옹호하는 글을 쓰고 교장을 비난하는 글을 쓴 건 그런 연유에서였습니다. 그것은 동지에 대한 예의이자 남자의 자존심이었습니다. 사실은 두려웠습니다. 그녀가 위험한 상황에 휘말리게 될까 봐, 젊은이들이 내가 지나온 역경과 고통과 희생을 겪을까 봐.

그 이후 나는 그녀에 대한 걱정도 애정도 감추질 못했습니다. 어느 날엔 그만 술 한 잔에 무장해제가 돼 버린 적도 있었지요. 빛나는 까만 눈으로 이런 저런 질문을 해대는 그녀의 머리를 나도 모르게 그만 애틋하게 쓰다듬고 만 겁니다. 단순한 남녀 간의 이끌림만은 아니었습니다. 중국의 현실에 대한 한탄과 분노, 예교와 허위의식으로 가득 찬 세상으로부터 동떨어져 핍박받고 있다는 감정, 이런 것들의 공유가 그녀와 나를 동지로, 연인으로 그렇게 엮어주고 있었던 것이지요.

하지만 그 마음을 함부로 드러낼 수는 없었습니다. 누군가와 함께 한다는 것에 죄책감이 들었고, 나로 인해 혹여 그녀가 상처받는 것은 아닐까 염려가 됐습니다. 그러나 우리의 관한 소문이 주변으로 나돌기 시작했을 때, 근거 없는 추측과 거짓 유포된 사실에 화가 났으면서도 한편으론 차라리 잘됐다, 라는 마음이 들었던 건 왜였을까요? 아마도 그건 그녀와 나의 관계를 인정하고 싶은 내 숨겨진 속마음이었겠지요. 그리고 얼마 지나지 않아, 내 자신이 그녀를 무척이나 사랑하고 있다는 것을 완벽하게 증명할 사건이 일어났습니다. 그것은 바로 이별이었습니다.

주변의 시선도 피할 겸, 미래에 대한 준비도 할 겸 해서 우리는 2년 정도 서로 떨어져 각각 샤먼厦門과 광저우廣州에서 교편을 잡고 생활할 것을 계획했고 함께 떠났습니다. 샤먼으로 가는 배 안에서 나는 한참 동안이나 우리 뒤를 따라오는 배를 바라봤습니다. 혹여 그 배에 그녀가 타고 있을까, 그녀도 내가 탄 배를 바라보고 있을까, 하는 마음에.

　샤먼에 도착하고 나서 나의 가장 주요한 일과는 그녀의 편지를 기다리는 일이었습니다. 하루라도 우편 취급소로 달려가는 일을 거른 적이 없었지요. 3, 4일도 못 기다려 조바심 나는 마음을 그대로 편지에 담아 보낸 적도 많았습니다. 그러다가도 어느 날엔 슬쩍 마음을 감추기도 했습니다. 샤먼에서 홀로 지내는 동안 느끼던 적막한 외로움이 그녀 때문이었으면서도 그녀에겐 그저 낯선 환경 때문에 쓸쓸하다고 둘러대곤 했지요.

　사실은 이별한 그날부터 하루도 빠짐없이 그녀를 생각했습니다. 격무에 시달리면서도 월급마저 제 때 받지 못한다는 소식을 읽을 때나 그녀에게 많은 것을 요구하며 힘들게 만드는 가족 이야기를 들을 땐 달려가고 싶은 마음을 애써 억눌러야 했습니다. 아, 그때 나는 얼마나 내 임용계약이 빨리 끝나기를 바랐는지요.

　이렇듯 그녀에 대한 마음이 날로 깊어질수록 그만큼 내 번뇌도 커져만 갔습니다. 애정 없는 결혼이라 하더라도 내게 이혼은 현실적으로 어려운 선택이었습니다. 그녀와의 사랑을 위해 아내를 버린다면 사회적 비난과 공격 대상이 되어 더욱 어려운 입장에 처하게 될 것은 불 보듯 뻔한 일이었지요. 입지를 잃게 되면 사회 투쟁과 문화혁명 사업에 차질을 빚을 수밖에 없기에 고민은 더욱 커졌습니다. 힘들어하는 내게 그녀는 긴 안목으로 앞을 내다보자고 나를 위로했습니다.

하루하루 최선을 다해서 생활하면 어느 누구도 우리를 위험으로 내몰지는 못할 것입니다.

그 이후로도 오랜 시간 그녀는 나를 기다려줬습니다. 그리고 구식 예교의 또 다른 피해자인 결혼한 아내, 주안을 보살피는 일도 먼저 말해줬지요. 그녀는 그렇게 내 마음의 짐까지 넓고 따뜻한 품으로 받아들였습니다.

생각해보면 나는 늘 '생활'과 '지위'를 유지하기 위해 망설이는 일이 많았습니다. 급진적인 생각과 행동을 펼치고 싶을 때도 사회 투쟁에서 세력을 잃을까 봐 두려워했습니다. 결정적인 순간에 우유부단한 모습을 보이기도 했습니다. 그러나 이제는 그러고 싶지가 않았습니다. 내 일에서도, 그녀의 사랑에서도. 2년의 시간이 지난 뒤 나는 망설임 없이 그녀가 있는 광저우로 달려갔습니다. 그곳에서 우리는 각각 대학 교수와 조교로 같은 대학에서 각자의 일을 시작했습니다.

내가 우리의 재회에 설렐 때 그녀의 표정이 그리 밝지 않았던 것을 기억합니다. 그녀는 이미 우리를 둘러싼 유언비어가 갈수록 증폭되어가고 있음을 피부로 느끼고 있었지요. 그녀의 예상대로, 앞에서 날아오는 비난의 화살과 뒤에서 쏟아지는 모략으로 인해 광저우에서의 생활은 하루도 마음 편할 날이 없었습니다. 결국 나는 폭발하고 말았지요. 우리의 사랑이 사회적 압력과 비난을 받을 수밖에 없었다는 것을 압니다. 그렇기 때문에 수많은 갈등과 모순 속에서 2년이 넘도록 사랑을 떳떳이 공개하지도 못했고 많은 일들을 양보해야 했습니다. 그러나 더는 견디기가 힘들었습니다. 나는 정말이지 외치고 싶었습니다.

나도 사랑을 할 수 있단 말입니다.

'폭로해도 그만이고, 폭발해도 좋다'는 마음으로 나는 더 이상 부정하지 않은 채 그들이 다음 공격을 어떻게 해올지 지켜보겠다고 선언했습니다. 그녀는 그런 나에게 말했지요. 왜 스스로를 구하지 않고 뛰어내리려고 하느냐고. 하지만 그때 나는 오로지 한 사람만을 구하고 싶었습니다.

시간이 지나면서 우리를 괴롭히던 소문도 그런대로 잠잠해졌고, 우리 또한 더 이상 타인의 시선에 휘둘리지 않게 되었습니다.

그해 가을, 우린 광저우를 떠나 상하이에 보금자리를 마련했습니다. 그리고 그곳에서 우리의 아이가 태어났습니다. 나는 비로소 그때 내 자신을 짓누르던 염세주의와 무능력한 절망감을 버릴 수 있었습니다. 그녀와 나 그리고 아이를 보면서 나는 우리가 더 이상 보잘것없지 않다는 것을 알게 되었으니까요.

그 시절, 나는 그녀에게 늘 건네던 책 대신 화분을 준 적이 있습니다. 한번도 꽃을 주지 못한 미안한 마음이었지요. 작은 소나무를 심은 그 화분을 그녀는 참 소중하게 보살폈습니다. 작고 정교하면서도 도도하고 고아한 청록색 잎이 꼭 그녀를 닮은 화분이었지요. 언젠가 그녀는 작은 화분을 통째로 외울 것처럼 오랫동안 살펴보다, 나를 향해 싱그럽게 웃은 적이 있었습니다. 그때 그녀가 내게 보낸 첫 번째 편지가 떠올랐습니다.

평소 선생님께서 매우 강직한 성품을 지니신 분이라는 것을 알고 있습니다. 조금만 더 자애로움을 베푸신다면 충분히 가여운 영혼을 구제하실 수 있다고 믿습니다. 그러니 우선 한 영혼부터 구원해주길 간절히 바랍니다.

그러나 나를 구원한 것은 그녀였습니다. 나 자신이 동경했지만 감히 실행할 엄두를 내지 못하던 새로운 생활의 가능성을 열어준 사람, 내 삶의 동기가, 용기가 되어준 사람 그리하여 막다른 곳에서도 새로운 길을 만들어 낼 수 있게 해준 사람, 그녀야말로 내 구원자였습니다.

그여자 이야기

　뚜렷한 인생의 지표를 얻고 싶었습니다. 어쩌면 그라면, 내게 방향을 제시해줄지도 모른다고 생각했지요. 그를 동경하기 시작한 건 그의 강의를 들으면서부터 였습니다. 강의실 맨 앞자리에서 바라본 그의 짙은 눈썹 아래 드리운 강인한 의지는 단박에 내 마음을 흔들어 놓았습니다. 그의 작품 속에 드러난 민족의 앞날에 대한 근심과 구식 예교에 대한 맹렬한 부정은 여성으로 태어났다는 것만으로 부당하게 많은 기회를 상실한 나와 같은 이라면 누구나 뜨겁게 공감할 만한 내용이었습니다. 일주일에 한 번인 그의 강의 시간만을 기다리며 살던 그때, 내 사랑은 시작되었습니다. 동경과 갈망이라는 이름으로.

　당시 나는 무척 화가 나 있었습니다. 이 시대의 정신을 좀 먹는 무능한 데다 비열한 교장을 배척하는 운동을 하고 있는 중에 같은 학생들이 보여준 태도에 격하게 실망하고 있었지요. 어떻게든 시험성적이나 잘 받으려는 학생들, 옳고 그름은 따지지 않고 이해관계만 따지는 학생들, 아니면 옛날 서적 더미에 코를 받고 베껴 대면서 시사와 관련된 책들은 아예 거들떠보지도 않는 청춘의 자격을 잃은 학생들…….

 급한 성미를 가진 나는 아무것도 보지 않고, 아무것도 느끼지 않는 그들이 너무나 답답했습니다. 거기에 타락과 무지로 점점 망가져 가는 이 사회 현실에 대한 분노까지 겹쳐져 내 감정은 폭발할 것만 같았죠. 결국 나는 펄펄 끓어오르는 내 심장을 그에게 기어이 내보이고 말았습니다.

 나는 그가 우리보다 나이가 많았지만 정신적으로는 그 어떤 동지보다 훨씬 젊다고 여기고 있었습니다. 그리고 감히 그도 나를 같은 마음으로 바라볼지 모른다고 당돌하게 생각했습니다. 구식 예교의 희생자로 원치 않는 결혼을 한 뒤 형식적인 부부관계만을 유지하고 있다는 그의 얘기를 들었을 땐, 연민마저 들었습니다.

 용기를 내어 긴 편지를 그에게 보냈을 때, 답장을 기대하지 않았던 건 아닙니다. 깨어있는 의식을 가진 그와 같은 사람이라면, 한없이 섬세하고 깊은 그의 글처럼 사람을 배려하는 인품이라면, 이 시대 청춘을 걱정하는 스승이라면 답장을 해주리라 믿었지요. 그러나 하늘같이 우러러 보던 스승이 일개 학생에게 즉각 답장을 해주었다는 사실, 그것도 친근한 형이란 호칭으로 장문의 답장을 받았다는 사실은 예상했던 것보다 나를 더 흥분시켰습니다. 그는 나의 분개에 공감하며 마치 친구한테 말하듯 허심탄회하게 자신의 마음을 열어보였습니다.

나는 마치 천군만마를 얻은 기분이었습니다. 몇 번의 편지를 통해 그가 나를 단순한 어린 제자가 아닌 한 사람의 후배로 동지로 또 친구로 생각하고 있다는 사실을 알게 됐습니다. 정체되어 있는 것 같던 내 삶은 그때부터 힘차게 전진하기 시작했습니다.

그러나 스물일곱의 피 끓는 청춘인 나는 그를 동경하고 존경하면서도 이해하지 못할 때도 있었습니다. 행동으로 나서지 않고 펜대를 잡고 고뇌하는 그를 보면서 답답하다고 느낀 적도 있었지요. 그러나 오래지 않아 그 모든 것은 그가 몸소 개혁 운동을 실천해 오면서 부질없이 젊은이들을 잃고 싶지 않은 애정에서 비롯되었다는 걸 알게 됐습니다. 그가 풍부한 경험과 사상을 통해 나의 성급하고 잘못된 인식을 고쳐주려 한 것도, 동등한 입장에서 나를 설득하기 위해 자신의 나쁜 기질까지 열거한 것도 모두 나에 대한 애틋한 마음이었다는 것도 알게 됐지요.

내가 교장 배척 운동에 나선 지 1년 만에 퇴학당했을 때 그는 건강을 해치면서까지 일선에 나서 교장을 신랄하게 비난하고 나섰고, 나를 포함한 학생들을 옹호하는 글을 투고했습니다. 문필 활동을 통해 계몽에 전념하던 그의 이전 모습과는 크게 대비되는 일이었습니다. 그토록 갈망하던 존재인 그가 나를 위해 애쓰는 모습을 보면서 그를 그저 스승으로만 대하기엔 가슴 속 감정은 자꾸 커져만 갔습니다.

그러던 어느 날, 그가 술 한 잔에 풀어진 모습으로 내 작은 머리를 쓰다듬었습니다. 그때 나는 흔들리는 그의 눈동자를 봤습니다. 애써 자신의 감정을 감추려는 그의 마음도 봤습니다. 그래서 기뻤고, 그래서 슬펐습니다. 그가 나를 여인으로 볼지도 모른다는 마음에 가슴이 터질 것처럼 기뻤고, 내 머리를 쓰다듬은 손으로 쓸쓸하게 술잔을 드는 모습에선 그의 복잡한 마음이 읽혀져 안타깝고 슬펐습니다.

당돌한 접근은 내가 먼저였습니다. 갑작스레 그의 집을 찾아가 정탐하고 수업 중에 박물관을 가자고 조른 건 실은 사제 관계의 엄숙함을 깨뜨리는 돌발 행동이었습니다. 어쩌면 무례할 수도 있던 이 적극적인 접근은 내 생애 결코 그를 제외한 사람에겐 해본 적이 없었습니다. 이 위대한 사람을, 젊은이라면 누구나 우러러 바라보는 그를 내가 감히 사랑해도 되는지, 그런 자격지심이 나를 괴롭히지 않은 건 아니었습니다. 하지만 놓치고 싶지 않았습니다.

그가 제 아무리 위대하고 지위가 있다 해도 내 손을 잡아준 만큼, 주제넘다고 해도 좋고 그에게 걸맞지 않는다 해도 좋다고 생각했습니다. 같은 부류라고 해도 좋고 다른 부류라고 해도 상관없었습니다. 합법이라고 해도 좋고 불법이라고 해도 개의치 않을 자신이 있었습니다. 이 모든 것이 우리에게 상관없는 일이고, 그들에게도 관계없는 일이라고 믿고 싶었습니다. 나는 그가 내 사랑이라는 걸 부정할 수가 없었습니다. 그것만 생각하고 싶었습니다. 이것이 내 진심이었습니다.

하지만 우리는 조심스러울 수밖에 없었습니다. 사회 운동을 하는 그에게 나와의 관계는 치명적인 약점이 될 수도 있었지요. 그것이 그가 큰일을 하는데 방해가 될까 오랜 시간 고민했고, 우리는 2년 동안 떨어져 각자의 일을 하면서 미래를 계획하기로 약속했습니다.

샤먼과 광저우로 각자의 배를 타고 떠나던 그날, 나는 배의 앞머리로 달려가 오랫동안 저만치 앞서 가는 배를 바라봤습니다. 언제라도 그를 다시 찾아갈 때 길을 잃지 않도록, 아득해지는 뱃길을 외우는 심정으로.

태어나서 처음이었습니다. 누군가를 그렇게 강렬하게 그리워한 건. 배가 광저우에 도착하기도 전에 나는 벌써 그가 그리웠습니다. 이 그리움이 2년 동안 얼마나 나를 두렵게 만들고 고통스럽게 할까, 겁이 났습니다. 그의 편지를 눈이 빠지도록 기다리며 날마다 꿈을 꾸었습니다. 하루가 10년처럼 막막했지요. 그러나 그의 편지가 나를 웃게 했습니다.

나와 똑같이 하루에도 몇 번이고 우편 취급소로 숨 가쁘게 달려가는 그의 모습이 눈앞에 그려질 때면 외로운 마음 한 구석이 따뜻해졌습니다. 그리움 때문에 마음이 적막해질 때면 바다에 뛰어들고 싶다는 그의 얘기엔 가슴이 달아올랐습니다. 마치 처음으로 집을 떠난 어린아이가 엄마에게 모든 것을 구구절절 보고하는 것처럼 그곳의 바람소리와 냄새와 자질구레한 일상을 담은 그의 천진한 편지를 읽을 땐 행복이란 이런 것이구나, 빙긋 웃음이 났습니다.

그는 이렇듯 나의 다정한 연인이기도 했지만, 위대한 스승이기도 했습니다. 그의 편지는 평범한 일상을 소재로 하고 있을지라도 평범함 속에서 위대한 것을 가르치곤 했습니다. 언젠가는 번잡한 업무로 지쳐가는 내게 이런 편지를 보냈지요.

몸이 바쁜 것은 괜찮습니다. 하지만 만약 자신을 위한 시간조차 낼 수 없다면 그 일은 가치가 없는 것입니다.

그렇게 한없이 마음을 주고 나를 걱정하다가도 그는 한번씩 슬쩍 자신의 마음을 감추곤 했습니다. 그가 샤먼에서의 생활을 몹시 무료해할 때 그 이유를 물은 적이 있었지요. 그는 그때 그저 낯선 환경 때문이라고 말했지만, 나는 그것이 나 때문이라는 짐작할 수 있었습니다. 때때로 그가 깊어가는 감정을 그대로 표현하려다가도 미안한 마음에 뒷걸음친다는 것도 알고 있었지요. 목구멍까지 올라오는 사랑과 결혼이라는 말을 내뱉지도 못한 채 그저 나를 바라만 봐야 하는 그의 고뇌를 이해할 것도 같았습니다.

나는 그에게 제안했지요. 긴 안목으로 상의하고, 고통을 겪지 말자고, 새로운 시대는 언젠가 우리를 이해할 거라고. 그리고 그에게 마음의 짐인 부인의 경제적인 문제를 언제까지나 책임져주자고 얘기했습니다.

언젠가부터 그는 조금씩 달라지기 시작했습니다. 뭔가를 시작할 때 오랜 숙고 때문에 망설이던 그였는데, 2년이 지나자 그는 기다렸다는 듯이 내게 말했지요.

함께 상의하고 사람들을 위해 유익한 일을 할 수 있도록 내게 다시 용기를 주세요.

그는 내가 있는 광저우로 와서 함께 투쟁의 길을 걸어갈 것을 약속했습니다. 그러나 그가 교수로 내가 조교로 있던 대학에서 우리는 더 힘든 시간을 보내야 했습니다. 비난과 말도 안 되는 모략들은 눈덩이처럼 불어나기 시작했고, 나는 처음으로 힘겹다는 생각이 들었습니다. 그런데 그가, 언제나 고요하게 사태를 바라보며 침묵하던 그가 폭발하고 말았습니다. 그는 '폭로해도 그만이고, 폭발해도 좋다'며 이제는 속 시원히 갑옷이며 투구를 다 버리고 그들이 어떤 공격을 해올지 지켜보겠다고 말했습니다. 지금껏 이룬 것들을 다 팽개칠 거냐고, 당신을 바라보고 있는 다음 세대는 생각하지 않는 거냐며, 나는 그를 말렸습니다. 그런데 그가 말했습니다.

나는 오로지 한 사람만을 구하고 싶을 뿐이오. 이제 그 어떤 명예도 지위도 원하지 않소. 그게 내 마음이오.

아, 그보다 더 강렬한 사랑의 맹세가 있을 수 있을까요? 주변의 압력에 저항하고 내면의 모순과 싸우면서도 그는 그렇게 끝끝내 사랑을 지키는 모습을 내게 보여주었습니다.

위대한 사상가이자 강철 같은 의지를 가진 투쟁가인 그는 사랑 앞에선 한없이 따뜻한 남자였습니다. 마침내 상하이에서 우리의 보금자리를 마련하고 우리 아이를 가졌을 때 그는 손수 출산 준비를 했고 한시도 내 곁을 떠나지 않았지요. 그 또한 인후염에 걸려서 힘들었으면서도 피로와 산통으로 지쳐 있는 나를 돌보느라 밤을 새웠습니다. 아이가 태어나 처음 울었을 때 기쁨을 감추지 못한 채, 사내아이로군, 그렇지 않고서야 이렇게 고약할 리가 없지, 하며 껄껄 웃던 그를 보며 나는 그가 얼마나 멋진 아버지가 될지 설레었습니다. 아이의 이름을 지을 때도, 내게 방금 떠오른 이름이 있는데 상하이 출생이니까 하이링이라 지으면 어떻겠소? 당신 생각은 어떠하오? 하며 아내의 의견을 존중하는 그는 세심하면서도 자상한 가장이었지요.

한번도 꽃을 선물하지 않던 그는 아이를 낳은 내게 작은 소나무 화분을 선물했습니다. 뿌리가 단단해 보이는 청아한 화분을 건네는 그는 내게 그 화분이 나를 닮았다고 했지만, 나는 그를 닮았다고 생각했습니다. 단단한 줄기도, 깊은 뿌리도, 청정한 푸른 잎도 모두 그와 같았습니다.

그는 언젠가 편지에서 내게 이런 말을 한 적이 있습니다.

온통 가시덤불로 뒤덮여 도저히 갈 수 없을 정도로 험난한 길은 아직 본 적이 없습니다. 나는 이 세상에서 본디 막다른 길이란 존재하지 않는다고 확신합니다.

오랜 길을 그와 함께 걸어오며 나는 그의 이 말을 가슴으로 이해하게 되었습니다. 세상엔 험난한 길도, 막다른 길도 존재하지 않는다는 그의 말을 나는 이렇게 헤아리고 있으니까요.

우리의 길이 우리 마음 안에 있는 한······.
갈 수 없는 길도, 가지 못할 길도 없다.

그 남자
루쉰
魯迅 1881~1936

"희망이란, 본래 있다고도 할 수 없고, 없다고도 할 수 없다. 그것은 땅 위의 길과 같다. 본래 땅 위에는 길이 없었다. 걸어가는 사람이 많아지면 그것이 곧 길이 되는 것이다."

격동의 80년대와 90년대를 보내던 이들이 기도문처럼 외우던 이 글은 루쉰의 단편 〈고향〉에 나온다.

루쉰의 본명은 저우수런周樹人, 루쉰은 그의 필명이다. 그의 나이 열세 살 때, 고관으로 있던 할아버지가 과거 시험의 뇌물 수수 사건으로 투옥되면서 집안이 기울기 시작했다. 열여섯 되던 해엔 아버지마저 그 죄에 연루되어 관직을 박탈당한 뒤 사망했다. 후에 관청에서 주는 장학금으로 일본으로 유학, 서양의학을 공부했다. 그러나 어느 날, 러일전쟁 당시 스파이 혐의를 받은 중국인이 참수당할 때 같은 동족들이 무표정하게 구경하고 서 있는 모습을 보고 충격을 받는다. 이후 의학을 포기하고 국민성 개조를 위해 문예운동에 힘썼다. 그는 《아Q정전》과 《광인일기》 등에서 골계와 해학과 야유 등을 구사하며 중국의 현실을 비판하며 문학이 사회 변화의 아름다운 동력일 수 있음을 증명했다.

날카롭고 예리한 그의 글을 보면 상상할 수 없지만, 쉬광핑과의 만남 중에 써내려간 편지들을 모은 《양지서兩地書》를 보면, 낭만적이면서 인간적인 그를 만날 수 있다. 어쩌면 아름답고 숭고한 감정으로 사랑하는 사람에게 깊은 애정과 자상한 배려를 아끼지 않던 그야말로 진짜 루쉰의 모습일지도 모른다.

그 여자
쉬광핑
許廣平 1898~1967

그녀가 세 살 되던 해, 청조가 신정新正 개혁을 추진하면서 전족이라는 전통시대 중국 여성들을 옥죈 굴레가 사라졌다. 그녀는 이런 시대의 분위기 속에서 반쯤 개화된 가정에서 자라며 문중에서 최초로 집안 서당에 나가 남자아이들과 함께 수업을 받았다. 어린 시절부터 인습에 저항하는 당찬 면모를 보이던 그녀는 부모가 정한 혼약을 파기하고 도시로 나가 당시로서 여성 최고학부인 베이징여자사범대학에 들어갔다. 1923년 10월부터 1925년 봄까지 루쉰의 강의를 들었다. 강인한 성품과 굳은 의지를 타고난 데다 혁명이 시대의 흐름이었기 때문에 그녀는 학교를 졸업하고 과감히 청조 말기의 혁명에 뛰어들었다. 대학 재학 당시에는 우수한 학업성적으로 학생 자치회의 지도자로 선출되기도 했다. 남편 루쉰이 사망한 이후 쉬광핑은 여성계, 문화계의 대표로 새로운 중국 건설에 앞장섰다.

1967년 루쉰 원고 압수 사건에 충격을 받아 지병인 심장병이 악화되어 사망했다. 유언으로 남긴 그녀의 다음 글은 소박하면서 당찬 그녀의 면모를 그대로 보여주고 있다.

1. 추도회를 열지 말고 화환을 보내지 말 것.
2. 관에 넣어 땅에 묻지 말 것.
3. 실험 후의 시체는 비료로 쓰면 된다.

참고자료

모딜리아니Modigliani : 고독한 영혼의 초상, 마틸데 바티스티니 저, 김은영 역, 마로니에북스, 2009
모딜리아니와 에뷔테른 열정, 천재를 그리다, 편집부 저, 모딜리아니,에뷔테른 그림, 컬처북스, 2007
아주 특별한 관계, 정은미 저, 한길아트, 2003
색을 사랑한 뮤즈, 이상효 저, 음악세계, 2005
사랑하거나 미치거나, 권지예 저, 시공사, 2005
횔덜린 평전, 장영태 저, 유로서적, 2009
횔덜린 : 삶과 문학, 염승섭 저, 건국대학교출판부, 1996
횔덜린 : 천재와 광기의 시인 1·2, 피에르 베르토 저, 김선형 역, 책세상, 1997
마리 앙투아네트 베르사유의 장미, 슈테판 츠바이크 저, 박광자·전영애 공역, 청미래, 2005
마릴린 먼로 : The Secret Life, J. 랜디 타라보렐리 저, 성수아 역, 체온365, 2010
마릴린 먼로, My Story, 마릴린 먼로 저, 이현정 역, 해냄, 2003
클라라 슈만 : 네 손의 인생, 카트린느 레프롱 저, 이용택 역, 삼진기획, 1991
음악가와 연인들, 이덕희 저, 가람기획, 2002년
클래식 명곡을 낳은 사랑 이야기, 니시하라 미노루 저, 고은진 역, 문학사상사, 2007
사랑에 미치다, 메간 그레소, 케리 쿡 저, 서현정 역, 북스캔, 2005
러브레터의 유혹, 이희원 저, 글빛(이화여자대학교출판부), 2005
Flush, 버지니아 울프 저, 1933
《《문학 속에서 개를 만나다》 중에서, 마크 트웨인 저, 강민희 외 1명 역, 바른번역(왓북), 2000.)
생일, 장영희 저, 김점선 그림, 비채, 2006
엘리자베쓰 브라우닝의 사랑, 루돌프 베지어 저, 이재호 역, 탐구당, 1980
나의 프루스트 씨, 조르주 벨몽 저, 심민화 역, 시공사, 2003
프루스트를 좋아하세요, 알랭 드 보통 저, 지주형 역, 생각의 나무, 2005
모래도시를 찾아서, 허수경 저, 현대문학, 2005
시대를 앞서간 여자들의 거짓과 비극의 역사, 로사 몬페로 저, 정창 역, 작가정신, 2000
존 스튜어트 밀 자서전, 존 스튜어트 밀 저, 최명관 역, 창, 2010
루쉰의 편지, 루쉰,쉬광핑 저, 리우푸친 엮음, 임지영 역, 이룸, 2004년
쉬광핑 : 루쉰의 사랑 중국의 자랑, 윤혜영 저, 서해문집, 2008년

영화 〈모딜리아니〉, 믹 데이비스 감독, 앤디 가르시아 주연, 2004
영화 〈마리 앙투아네트〉, 소피아 코폴라 감독, 커스틴 던스트 주연, 2006
영화 〈노마진 앤 마릴린〉, 팀 파이웰 감독, 애슐리 쥬드, 미라 소르비노 주연, 1996
영화 〈클라라〉, 헬마 잔더스-브랍스 감독, 마르티나 게덱, 파스칼 그레고리, 맬릭 지디 주연, 2008